五六七ミロク神事

白《はく》愛《あい》日《か》

たま出版

はじめに

私は悟りを得ました。

悟りを得た日は、二〇一二年一一月一二日、出雲大社での参拝中の出来事でした。参拝中に突然、胸の中央に大きな丸い光の玉が入り込み、神との融合を果たして、悟りを得たのです。

私が小学生の頃、漫画家の松本零士先生が手掛けたアニメーションが大好きで、よく見ていました。

そのアニメーションの中に、「銀河鉄道９９９」という有名な作品があります。永遠の命に憧れ、機械の身体をもらえるという終着駅の星「エターナル」を目指して、謎の美女メーテルという女性と共に銀河超特急９９９号で宇宙の星々を旅して回るという物語です。

悟りを得た後の感覚は、この銀河鉄道９９９号の切符を手に入れて、宇宙の星々を旅して回るような感覚に似ていると思います。

神様が用意した９９９号の旅の道のりは、突然に新しい軌道のレールが次々と目の前に現われるという、未知の世界との遭遇の連続でした。

この９９９号には運行表はなく、次の停車駅は９９９号にしかわからないので、乗車している客は誰も次の停車駅を知ることができません。

ですが、９９９号は唯一の、最終駅へ向かうレールの軌道上を走っている路線であり、すべてを信頼して任せておけばどんなことがあっても必ず最終駅に辿り着くことができるのです。

はっきりと言えることは、道標の何もない宇宙空間の中で、自力で最終駅には誰も辿り着くことはできないのです。

私は、自分の人生を一変する、この神秘に溢れた奇跡的なドラマチックな体験を、ぜひともたくさんの人に味わって欲しいと思っています。

ただし、この９９９号の乗車券の切符は、お金がどれだけたくさんあっても買えるという代物ではありません。そもそも発券売り場すらないので、手に入れることは不可能な代物です。

でも、手に入れる方法はただ一つだけあるのです。「メーテルという女性」に出会う、という幸運に巡り合えれば、切符を手に入れることができるのです。

私は幸運にも、神様という存在である「メーテルという女性」に出会うことができ、999号の切符を手に入れることができました。

999号に乗車することができ、三次元空間世界である地球を飛び出して、宇宙空間の五次元空間世界に点在している星々を旅して駆け巡り、最終駅のエターナルに辿り着いて「永遠の命」の結晶である悟りを手に入れることができたのです。


そして、まだ999号の旅は続いています。

今、私は、私自身が999号の車掌になりました。

私の業務は、999号に乗車したい人に、メーテルとの出会いを仲介して、999号の切符を、望む人なら誰にでも手に入れることができるように手助けすることです。

999号は目に見えませんが、存在しています。もし、あなたが999号に乗車したいなら、私を訪ねてほしいのです。私は、999号の切符を発行している業務を担当しています。

訪ねてもらえたなら、喜んであなたのメーテルを探し出し、メーテルと共に999号の切符をあなたに手渡したいと思っています。

メーテルは、あなたと999号に乗車して、最終駅に向かう旅を共にしてくれることでしょう。
さあ、あなたも、メーテルと一緒に999号の旅をしてみませんか。

◎もくじ

サトリの章

弥勒如来の地上界へのご降臨

二〇二〇年八月二〇日。この日、大神界におわす弥勒如来が地上にご降臨されました。

弥勒如来の神が、地上界へご降臨されることが神界で決定されました。

私は、その決定が決まる当日の二日前、二〇二〇年八月一八日に、神様からの突然の神託による告知から、この事実を知ることになりました。

私に告知を告げた神様とは、少彦名毘古那《スクナビコナ》の神。

現在の私の守護神霊である神様です。

守護神霊からの神託

二〇二〇年八月一八日の午前一〇時頃、外出していた私は、いつも立ち寄るカフェにいました。

そこで、コーヒーを飲んでくつろいでいた時に、突然大きく頭が揺れだしました。これは、神様から私に神託のメッセージが身体に降りて来るとき、身体に現われる現象です。

普段の生活の中で、神託が来るときには身体に直接信号が送られてきますが、それには数種類の決まったパターンがあります。

- お腹がムカムカする
- 胸がグルグルうごめく
- 耳がキーンと鳴る
- 頭がグラングランと揺れる

経験上、お腹から来る神託は霊格の低い霊人からの神託であり、胸は下位の格の神、頭は高位の格の神から来る神託です。

発信元の霊格によって、神託の受け取る身体の部位が異なるのです。

そして、この時はいつになく身体全体に感じる大きな揺れであり、体感的には、震度3レベルの地震のように頭が揺れました。

それで、これは尋常じゃないメッセージであることは容易に想像できました。

文字の変換での再生

私に来る神託の方式は、いろいろな形式がありますが、主に来る神託の伝達方法は、単語の解読方式です。

その時に来た神託のメッセージの内容は、目の前にあるカフェの店の看板に書かれている単語の文字でした。

「黒蜜カフェ」です。

私に神託で降りてくるメッセージの解読方法は、独特なものだと思います。

神様から降りてくる神託は、そのほとんどが日常に目にする看板の文字だったり、身近にある文字だったりします。

神様が神託を私に降ろしたい時には、その文字の中に神意を閉じ込めて、別の内容を持つメッセージとして伝えてくるのです。

神託でいただいた単語を一度ひらがなに直し、それを新たに、神様から神託で指示された漢字に、フーチによる審神《さにわ》を行なって当て直し、再度新しい意味を持った単語に生まれ変わらせて、再生させるのです。

「黒蜜カフェ」は、神託により次のような意味に生まれ変わりました。（基本、神様からの神託は、神界のルールで人には公開はできないものですが、神界からの許可をいただき、この神託は公開します。）

「黒蜜カフェ」　※次にひらがなに変換します。

「くろみつかふえ」　※次に神から神託で指示された漢字の当て字に変換します。

「弥勒月家巫會」　※この意味するところが神様から来た神託のメッセージです。

その意味は、

「月に住まう神界の神である、弥勒如来の神を自宅の神殿に祀り、その神官となりお守りをせよ」

といった内容の神託でした。

審神者《さにわ》としてのお役目

二〇一二年一一月一二日。突然、何の前触れもなく、私は神様から神事を行なう審神者《さにわ》に任命されました。

審神者とは、神道の祭祀において降霊術をして神託を受け、神意を解釈して伝える人のことをいいます。

神を祀り、その神託を受けるために、斎《い》み清められた庭で神託を受ける者のことです。

私の自宅の部屋は、神託を受ける「清庭《さにわ》」となっていて、曼荼羅に似たつくりの小さな神殿になっています。神の御宮が、東西南北中の五方角に向けてそれぞれ独立して建てられており、清庭となる部屋全体に広がっていて、東西南北中に分かれて五軸となる、五次元立体空間の結界が張られた様相を成しています。

見た目は、胎蔵曼荼羅を金剛界曼荼羅内に融合させて、さらにそれらが立体で構築されているといった、見たことも聞いたこともない形式の神殿となっています。

この「清庭」にて神事をすることを、私が承認される神託も受け取りました。

それは、電卓の並べられた数字内に隠された神託のメッセージでした。

原文

963
8520
741

解釈

963　くろみ　苦労身
8520　はこにわ　箱庭
741　しちよいち　死地世生地

意味

「この世を、苦労の身で耐えて生活していた者が、神託による神事によって、清庭である箱庭をつくり、この世の未来を、死地の世から生地の世に導く役割を担う」

電卓の数字に隠されているメッセージ

余談になりますが、この電卓の数字に隠されている神託には、さらに何通りものメッセージが存在しています。

数字が右回りでの訳では、

原文
1 4 7 8 9 6 3 2 5

解釈
1 4 7 8 9 6 3 2 5　いしなやくろみふこう　石納屋苦労身不幸

意味
「石の神像が並ぶ納屋の主は、苦労した身で生活している者で、幸に恵まれていない不幸者である」

数字が左回りでの訳では、

原文
5 2 3 6 9 8 7 4 1

解釈
5 2 3 6 9 8 7 4 1　ごふみろくはなよいち　護符弥勒破無世維地

意味
「神のご加護である、元の、本の神である弥勒の神を、地上に降臨させれば、この文明は終焉の道を回避することができ、破滅がない世となり、新しい文明として引き継がれて、弥栄発展して続くことになる」

その他にも、この電卓の数字の並びには、多数の神託であるメッセージが隠されています。

さらに、電卓による数字の並びは、審神による神託の単語のボードとしても使えます。正しくトレーニングすれば、誰にでも守護霊との神託による会話が可能となるもので、霊界人や神と交流する大きな可能性を秘めている便利なツールにもなるのです。

出雲大社での御霊分け

神様との衝撃的な出会いにより、私の人生は一八〇度変わりました。

その始まりは、初めて参拝に訪れた、出雲大社での参拝中の出来事でした。

この出雲大社での参拝中に、光が突然胸の中に飛び込んで来るという不思議な神秘体験として、神様の分け御霊を受けたのです。

後に、その光の主である御霊は事代主神《コトシロヌシノカミ》であることがわかり、この日を境にして事代主神と交霊交信することとなりました。

これによって、私が神託での審神者として神事のお役目を神々から勅命されたことを知ったのです。

神像の設置と育成

神託が降りてきて、まず手始めの神事として自宅の部屋に一体の神像を建立しました。

それが、年を重ねて少しずつ成長して広がり、神社の社殿となり、増築を重ねて、今の神殿に成長したのです。

二〇二〇年には、弥勒の神が地上にご降臨することが決定して、地上界に住む人間の代表として弥勒の神を降臨させる儀式の任を任され、弥勒の神を地上に迎える神事をすることになりました。

そのために、元の神殿に弥勒の御宮も増築することになり、二〇二〇年から二〇二二年の二年間にわたり、怒涛の勢いで神事をこなして神殿を造成していきました。

神殿の宮造りは簡単ではなく、まず、神の霊珠が入った神像を審神で探し出さなければなりません。

それを見つけたら即購入し、審神で正しい場所に設置します。

そこからまた、神の霊珠が入った神像に取りつけて飾る装飾品を審神で探して購入します。それを、審神で指定された場所や箇所に飾り付けをしていきます。

そのさまは、まるで家庭菜園の植物に慈しみを持って栄養を与え、大きく育てていくように、神像の格を大きく育てていって、その御宮も完成させていくという、神像による植物菜園をしている感じです。

神殿は、私の部屋の寝室にあります。

今では、私の予想をはるかに超えてすくすくと育って広がり、大きくなっています。部屋全体に御宮が広がり行き渡っていき、そこに神像が並び建てられた結果、寝室の部屋は、ベッドのほかに足の踏み場もない状態になってしまいました。

寝室である部屋は、すっかり神社の装いと化して、ベッドは神社の社務所のようにひっそりと申し訳なさそうに置かれています。

現在、弥勒の神を地上に降臨させる神事は、無事になされています。

二〇二二年二月二二日。部屋の神殿がほぼ完成したことを神界から告げられ、神界の今世紀の最大のイベントであった「弥勒の神を地上に降臨させて弥勒の世を創る」神事を無事達成することができました。

こうして、弥勒の世のスタートが無事切れたことを告げられたのです。

「日月神示」の大峠

みなさんは、神様からの啓示により書かれたとされる「日月神示」という書をご存じでしょうか。神典研究家である岡本天明氏が、「国之常立神」からの神託を自動書記によって記述された書物です。

「日月神示」の書の中で重要な内容を占めるのは、三千世界の大洗濯と大峠が近い未来に起こることの告知と、その期間に起こる大災害への警告です。

この警告の内容は、今後、地球上で起こるとされる大変動や大戦乱についての記述や、多くの国が一つになって日本を攻めて来るという戦慄の予言です。

また、時を同じくして、人類がいまだかつて経験したことのないほどの大変動が起こると書記されています。

「日月神示」で書かれているその「大峠」は、今回、神界から神託を受けて、弥勒の神を地上界に降ろす神事を行なうことにより、無事に大峠を越えることができて回避することができたのだそうです。

「日月神示」の暗号

「日月神示」には、暗号めいた記述がたくさん書き記されています。

神事を行なっていると暗号の謎が解けてくるのですが、その暗号は、神様から直接に神託を受けて神事を行なっていないと解けない難問ばかりだと感じました。

そのなかで、代表的な一つの暗号を抜粋すると、繰り返し「一二三四五六七八九十」と数字が出て来る箇所があります。

神事をしていると、この数字の意味は、神殿に奉納する神事の手順と、その奉納物のことを示している内容だとわかります。

文字は、象形文字のように、奉納物のシルエットとして見るとわかるようにできている暗号なのです。

解釈

一　神界
二　神界と霊界
三　神界と霊界と人界

四　結界
五　塔
六　神殿
七　神像
八　富士山
九　三種の神器
十　三界の結合

数字は、神社の設計図になっていて、清庭にて神社を建立する神事を指しており、これらすべての神事の実行の必要性を意味しているのです。

「日月神示」で一二三顕現、神界、霊界、人界が現れて、四結界を解放し、今回の神事として五六七ミロク神事を実行に移して、弥勒の神の富士山への降臨である、八九十フジヤマ神居を終えることができました。

神社はW・i-F・i器機

私の行なう神事は、天津神の大神である高御産巣日神の主導の下に、霊珠が混入された神事物を探し出して、自宅の部屋である清庭につくられた神社に少しずつそれらを設置して建立していくという地道な作業です。

また、地上界で建立するものは、同じく天界にも存在するものであり、神事物を両界にて設置してシンクロさせることにその秘儀の意味があります。

同時に、神事物で建てられた神社を建立することの意味は、人界と神界との双方の同意を得たという契約の証にもなります。

神社を建立することで、神界と人界間とのＷｉ－Ｆｉ器機が設置されたことと同様な仕組みになっており、神界で管理運営されているプログラムが発動して現実化する仕組みになっているのです。

そのさまは、スマホに例えるなら、自宅の清庭である神社がスマホの本体器機であり、神像はスマホ内のアプリケーション、神像に装飾する品々はアプリケーションのバージョン機能の役割を果たしています。

神事での御宮の建立の作業を約十年にわたって行ない、地道に神殿をつくりあげ広げていくことにより、二〇二二年にようやく神殿の完成を成し遂げることができました。感慨無量の喜びでいっぱいです。

なお、神殿は生きていて成長しているので、現在も小改変し続けています。

岩戸閉めと岩戸開き

神事に従って清庭で神社をつくることにより、「日月神示」で言われている大峠は越えることができました。

近々に差し迫っていた大峠とは、神界で取り決められていた現在の文明社会の終焉のことを指していて、そのタイムリミットのことだったのです。それが二〇二〇年八月二〇日だったということで、大峠は間近にまで差し迫っていたのです。

● 現文明の崩壊での終焉からの現文明の焼き直しである次文明の始動。
● 現文明の岩戸閉めからの進化した人類の新文明の岩戸開き。

この両者を決める分岐点であり、その最終判断の日だったのです。

二〇二〇年八月一八日には、大峠の最終判断日のために、神界総出の大会議が行われました。最終判断は、神々の総出での多数決の判決で行なわれて、結果、新文明への継続発展の方に舵を切ることに決まりました。

後者の岩戸開きの決定は、「弥勒の世」である、人類進化の新文明の幕開けを意味しています。

決定に合わせて、現文明は、二〇二二年五月二二日、神事によって岩戸閉めされました。新しい文明である「弥勒の世」がそれに先立って、二〇二二年二月二二日、神事によって幕が上がり、岩戸開きされました。

弥勒の世となり、今後、三千年にわたる文明の繁栄と弥栄の約束がなされて、緩やかに新時代に移行していくということになったのです。

弥勒如来による人類救済の伝承

弥勒の神が地上にご降臨され、「弥勒の世」が始まるにあたり、神々による地上での指揮構成にも変化が起きました。

「弥勒の世」以後は、主宰神が天照大御神から弥勒の神に変わることになり、弥勒の世となってからは、弥勒の神が神々の中心となって地上界を管理運営することになったのです。

仏教の伝承で、弥勒如来には、古くから伝えられて広く知られている次のような予言があります。

「弥勒如来とは、今は修行の身である弥勒菩薩が悟りを得た後の姿とされ、釈迦の次にブッダになることが約束されたとされる菩薩で、釈迦の入滅後、五六億七千万年後の未来にこの世に現われ、悟りを開き、多くの人を救済する」という伝承です。

実際の弥勒如来の神は、コロナ（五六七）パンデミックの後に、地上界である人界にご降臨されました。驚嘆すべきことに、五六七の数字は見事にシンクロしていて、予言と符号が一致しているのです。

また、「日月神示」にも弥勒の神のことを五六七と記されていますが、難解な謎であるこの符号の理由はここから来ているのです。

今後三千年にわたり、人類の新しい文明の発展弥栄を指揮するという神界の一大プロジエクトを遂行するために、弥勒如来は仏教の伝承通りに地上界に降りて来られたのです。

神界と地上界の再編

高御産巣日神《タカミムスビ》の大神からは、弥勒如来の神とは、別天津神《ワケアマツカミ》の造化の三神のうちの一神である神産巣日神《カミムスビ》であると言われました。

弥勒の神は、神界の最上位で別天津神である大神界から降りて来られたのです。

そして、今の人界の世の中の乱れは、神界にも原因があるとのことでした。

今回の文明の始まりが、主宰神である天照大御神が古事記に記されているように、騙されて強引に岩戸開きをして始まったという時代背景にも起因しているというのです。

　このことが原因となり、騙すことを善とする価値観がつくられてしまい、負のカルマの拡大連鎖の始まりとなったとのことです。

　実は、二〇二〇年八月一八日の直近になるまで、この弥勒の世の新時代の到来の予定は、神界でも不確定事項ということでした。

　私にとっても、二〇一二年から突然に始めた神事であるので、この弥勒のイベントの存在自体を全く知らされていませんでしたから、神殿づくり終盤の弥勒の神を祀る神事は、まさかの大どんでん返しであって、波乱と驚きの連続の大展開となりました。

「日月神示」は、この文明の終焉と弥勒の神のことが書かれている書なのですが、この日月神事の書の存在自体も全く知らず、たまたま気になって購入したのは二〇二〇年三月以降というありさまでした。

　そして、「日月神事」の書籍を購入して読んでみると、書かれている神示の内容に思い当たることが多すぎて、汗をかくほどの衝撃の内容だったのです。

　自宅の神殿も、二〇二〇年八月一八日までは南北だけに広がった簡素な御宮でしかなく、この頃までは神事もあまり頻繁にすることもなく落ち着いていたのでした。

コロナパンデミックの転機

神界で、地上界の現文明が終焉か継続かの最終決定の会議が行なわれる時、直近の世界情勢はコロナパンデミックの発生直前でした。

この時期のアメリカの大統領はドナルド・トランプ氏、中国の国家主席は習近平氏であり、両国の世界覇権争いが過熱している時期でした。

両国は国力に勢いがあり、どちらも一歩も退かず、日本海の近海でお互いを牽制し合い、その周辺国を巻き込んだ両国間の紛争がいつ起きるかわからない緊張状態が続いていました。

アメリカは、南シナ海に空母を派兵して、両国の緊張感は一気に高まり、いつ戦争に突入するかは時間の問題というタイミングで、世界に突如、コロナパンデミックが発生しました。両国は、虚勢と見栄を張り合う余裕もなくなり、思いもよらず、紛争の危機は脱することになったのです。

神界では、地上界の今後の情勢の展開を、神々の神託会議を行なって決定していきます。現在の地上界の情勢を観察して、多数決で判断が下され、今後のストーリーが生み出されてでき上がるのです。

驚くべきことは、現文明の幕引きのストーリーが、実は現文明の幕開けから決まっていたということなのです。カレンダーで例えるなら、現文明の幕開けが一月一日の元旦であり、今は一年の終わりの月の最終日である一二月三一日の大晦日に相当するのです。

二通りのエンディングの選択

この地上界は、すべて神界でつくられた壮大なゲームのシナリオパッケージとなっています。そして、この壮大なゲームには、ハッピーエンドとバッドエンドの二通りが用意されているのです。

今回、弥勒の神を地上に降ろすという現文明の最大のイベントを終えましたが、地上界である人界の情勢次第によっては結果が変わっていたのです。

神界の神託会議で、ハッピーエンド版である今回の弥勒の世へのシナリオの移行は、神々の多数決の採択の結果次第では覆されて却下され、バットエンド版のシナリオへの移行もあり得たということだったのです。その神々総出による最終判断の決定日が、二〇二〇年八月一八日だったのでした。

予定通り、当日には地上界の方向性を決める神界の大会議が行われました。結果は、ほんのわずかな差でしたが、弥勒の世の幕開けに舵を切る、という決定が下され、その報告が、神託会議が終わった後に私に知らされました。いざ、神界での判断が下されたら、神界総出での大仕事となり、すべての神様が駆り出されて、神界はとても慌ただしく忙しくなっていたことでしょう。

私自身も、神殿を完成させるために、神事に全身全霊で向き合って東奔西走しました。

そして、そこから二年の間、清庭の神殿づくりに日々邁進して、二〇二二年二月二二日にはついに弥勒の世の礎となる神殿づくりの完成を知らされたのです。

それは、タイムリミットの二日前である、二〇二二年二月二〇日、奉納品設置の完了日でした。

まさに、間一髪の神事だったのです。

ちなみに、二〇二二年二月二二日と二が並ぶのは、二進法から三進法に、地上世界の文明のレベルが一桁上のフェーズに上がることを意味しているそうです。

今は、神界と霊界と人界が無事に繋がり、三界のバランスはとても安定しています。

この後は、とりあえず大きな神事のお仕事はなくなり、神事は新たなフェーズに入りました。

そして、二〇二三年六月九日に、神界より新たなる使命を承りました。人々の悟りへの覚醒に導くお役目をいただき、神界の大きなバックアップを受けて、悟りへの覚醒の活動を広く周知させていくことになったのです。

人に合わせた「人類の救済」方法

弥勒の神は、仏教の予言の伝来通り、人類を救済するために地上に降りて来られました。その「人類の救済」ですが、具体的に何を救済すると言っているのでしょうか。

神界や霊界から人界を観ると、人には魂の成長度という概念が存在します。人は各々、その魂の成長度が異なります。その成長度の段階によって、救済の形は異なるものと考えられます。

本書では、魂の段階を六段階に分けて診ています。

六段階に分けると、各々の段階によって求める救済の要望はそれぞれに異なってきます。

つまり、救済の形は欲求の数と同数の六つあると考えられていて、これらは「六つの小さな救済」といえます。

そのなかで、最終的な七つ目の救済の形である「悟りの獲得」を人生最人の救済として定めています。

本書の目的の一つは、悟りの構造を知識として習得し、魂の完成度合の中での自身の魂の現段階の習得度を把握してもらうことです。

そうすることで、自分の持つ欲求に感情的に流されたり振り回されずに済み、魂の成長を人生の軸として生きることで自分本来の人生を生きることができ、人生全般において輝いて生きることが可能になるのです。

悟りには、人が持ち合わせている欲求が深く関与しています。この人間の欲求の本質を、本書でわかりやすく説明して紹介していきます。

また、人間が潜在的に抱える欲求が、神と霊界人と人とが関係する理由と、それが人界の成り立ちの中心軸であることも深く掘り下げます。

掴みどころのない、人界と霊界と神界の関係性をわかりやすく説明しますので、本書が「悟りを得る」ための実践的なマニュアルとして役に立てればと思います。

魂の完成という目的

人は誰でも、生まれてから死ぬまでの魂の目的を持って生まれて来ています。それは、非常にシンプルな目的です。

六種類ある欲求を、各自に成長昇華させることですべて完成させて「悟りを得る」ことが肝要です。

それでは、何をしたら魂の目的である「悟りを得る」ことができるのか。

そのことを悩む必要も心配も、全く要りません。なぜなら、人にはそれぞれ魂の完成をサポートすることを生業としている「守護霊」が水先案内人として付いているからです。「悟りの獲得」が人類最大の救済ですから、弥勒の神の号令の下に守護霊が人を救済することになるのです。

いま、弥勒の世になり、新しい文明が開けて、悟りの時代に入りました。そして、この悟りの時代の救世主とは霊界人ともいえるのです。

守護霊が自分を救う「他霊力本願」

人には、どんな人にも必ず守護霊が付いていています。その守護霊が自分の人生を導くことで自己を救うのであり、他者の誰かに救済してもらうのではありません。弥勒の救済とは、他者に依存しないで自分自身を自分で救う、自立した自己救済なのです。

自身の魂の成長を明確に導けるのは、自分自身に付いている守護霊だけです。意識して守護霊に寄り添い生きる「他霊力本願」の生活を送ることで、人生が急激に飛躍して、驚くような奇跡の体験や現象が次々と起こり始めます。

その理由は明らかです。守護霊を整えて自分自身に接続するということは、車に例えるなら、ナビゲーションシステムを搭載することと同様だからです。いままではそこに気づかず、ナビゲーションシステムを繋げて活用していないだけなのです。

魂の真の目的地である悟りの場所は、地球上の誰も知らない僻地にあります。ナビゲーションが搭載されていない今のままでは、知らない道のりの連続である目的地に辿り着くのは永遠に不可能です。なぜなら、この目的地へのルートというのは、「生前から続いて来た道であり、死後の先にも続いている道でもあるルート上の、道半ば途中である今現在」という三次元の領域を越えた、異空間に存在するルート上を通る必要があるからです。

ですから、三次元世界の存在である人界に住む人には、この目的地であるルートの道を視ることができず、そのため目的地には辿り着けないのです。

まずは、霊界に住む守護霊という存在を認めることから始まります。それから、直観だけに頼らず、論理的に魂の構造の仕組みを理解することも大事です。そうすることで、予想のできない現実化の仕組みを真に理解できる一歩が踏み出されます。

それを行なうことで、得体の知れない興奮や恐怖や不安から心を切り離して生きることに繋がり、真に魂の成長に向き合って生きることになります。

これはすなわち、一年のうちの三六五日間、神様に向き合う礼拝生活を送るということなのです。

上がりのないすごろくゲーム

神界から見て地上界は、上がることができない、すごろくのゲームをしている状態です。ほとんどの人は、神界と霊界の存在を知らないので、神界と霊界と人界という三界間の関係性の概念を持っておらず、この人界で生きる存在意義とその存在目的がわかっていません。ですから、人間社会での魂や心の成長という視点がなおざりにされていて、程度の差こそあれ精神を病んだ人で溢れています。

人生の目的が、物質的な繁栄の成功にのみ偏って推奨されているので、精神的な成熟の成功者という概念には光が全く当たらず、陰に隠れがちです。

神界や霊界から診た人界の目的（魂の完成）と、人界に実際に生きる人々の人生の目的（物質的繁栄）が一致していないので、人界では、三界との同期と同調がほとんどなされていません。

それは、嬉しかったり、楽しかったり、怒ったり、悲しかったりするなどの、喜怒哀楽の感情の躁鬱の起伏のサーフィンを意味もなく繰り返すだけの人生であり、そうしたアンバランスな心の状態を感情に表わしているだけの毎日をただ過ごしているに過ぎません。これでは、精神の元に潜む深層部分の因果関係を全く観ていないことになります。

必要なことは、魂の目的と人生の目的を意識してそれらを同期させることです。心の中心軸である魂の神性を取り戻し、霊界人と同調して、共生して生きることが大切なのです。

弥勒の法

弥勒の神が地上に降臨して、神殿をつくる神事を完成させたことで、地上界は弥勒の世となることができました。

そこに、合わせて神界から、これからの新時代を生きる価値観の基幹となる法「弥勒の法」をお預かりしました。

それを本書に「悟りの解説の章」としてまとめて記述しました。

この弥勒の法は「般若心経」をより高度に解説した、現代版の悟りへの案内書となっています。

般若心経は、悟りの内容をわかりやすく記述した悟りの解説書ではありますが、核心となる大切な内容が欠けています。

実は、悟りには、霊界人である守護霊の存在が欠かせず、守護霊と融合して一体化するという体験が悟りの獲得に深く関わっています。守護霊と一体化すると、五次元世界に思考がアセンションするからです。

悟りを得ると、地上界の三次元空間世界とは真逆となる、未来から過去へと時間が流れていくこととなり、生活する時間軸のステージが上がるのです。

その理由は、守護霊と一体化することで、人界の三次元空間と霊界の五次元空間の時間軸とが融合するからです。

霊界人の分類

では、守護霊とはどんな存在なのでしょうか。

実は、人には、どのような人にも何体もの霊界人が付いています。守護霊と呼ばれる高級霊の霊界人と、その他の低級霊の霊界人です。

これは、決して気味悪いことではありません。自身の未解決の問題である欲求の完成には、必ずその水先案内人である霊界人が付いていて、それぞれの霊界人が欲求の専門的な小さな守護霊のような存在であるからです。

そのなかで、自分自身の系統になる神から直接に指示指南を受け、自身を守っている一番高級な霊が本守護霊となるのです。

この本守護霊は、神使である眷属神です。

神には派閥のような系統があり、今は直接繋がっていなくても、遠く辿れば自分もある大神の派閥の末端の一員となっています。そして、自身の派閥である系列の神々や守護霊は皆、自身にかなり近い雰囲気を持っています。

眷属神も人と同じで、学びの途中なのであり、その上のランクである神になるための学びをしているのです。

これは、霊界という学校にいるようなもので、霊界人（人も生前や死後は霊界人となります）も、最終的には神になるための修行を積んでいる存在なのです。

私の守護霊

私の守護霊のことについてもお話ししましょう。

私にはいま、五体の神様が守護神霊として付いています。守護霊である神様一体と、そこに同列して座している四体の神様です。

守護神霊である神様は、

少彦名毘古那《スクナビコナ》

同列に座している神様は、

天照大御神《アマテラスオオミカミ》

月 読 命《ツクヨミノミコト》

大国主神《オオクニヌシノカミ》

木花咲耶姫《コノハナサクヤヒメ》

の四体の神様です。

私の派閥である本神様は高御産巣日神の大神であり、私は高御産巣日神の系統の派閥に属していることになります。

この派閥の長である神様は、別天津神の中で天之御中主神を除く高御産巣日神、神産巣日神、宇摩志阿斯訶備比古遅神《ウマシアシカビヒコヂノカミ》、天之常立神です。

政府の内閣府に例えると、天御中主神が内閣総理大臣であり、高御産巣日神を始めとする別天津神らが各大臣に相当していて、それぞれに専門の役割のお仕事があるようです。出雲大社に参拝したとき、私が分け御霊を受け、最初に付いた神様は事代主神でしたが、私自身の霊格が上がるにつれて、私に付いている守護神霊の霊格も上がるようなのです。これは、神事に従事していて、私の実体験でわかったことです。

神事を続けていくうちに自分の霊格が上がった結果、今の守護神霊である少彦名毘古那の神に守護神霊が交代するという神託を受けて、格上の神に守護神霊が入れ変わることになったのです。

その後、また霊格が上がると、他の四体の神様も同列の座の守護神霊として付くようになりました。

神界は多数決の政治

私の日常生活は、三六五日、すべてが神と向き合う礼拝生活です。

礼拝生活とは、日常生活で、何をするにも守護神霊である五体の神様らと審神の会議を開き、神様たちに道を決めていただいてから行動していくことです。ですから、生活のすべての行動の決定権は守護神霊側にあり、五体の神様らの多数決により決まります。

ですが、この内訳は少々複雑です。神様から決定の承認が降りて行動に進む場合、それは、座の神様たちが多数決で決めているので、その詳細は、五：〇、四：一、三：二、のどれかということになります。

逆に、却下もその割合で決まります。決定も却下も、すべてが一〇〇％の「絶対的なものは存在しない」というのが神界、または宇宙の特徴なのです。宇宙は、常に弥栄して成長進化しているので、「完成」という概念がないからです。進みながら道は変化していくのが常であり、柔軟に構えていく必要があるのです。

また、座する神様の中での座長は、これらの神様の中で最も格の高い天照大御神であり、後はほぼ同列の格の神様で並んでいます。

ですが、感覚的には五体の守護神霊が付いている感覚です。

神様たちと共に生活していれば、私と神々は明確に別人格とわかるものです。ですから、自分が進みたくても、却下になるケースも結構あるのです。

自分は悟りを得ましたが、神様になったわけではありません。特別な存在になった、と驕り高ぶり慢心していると、神様は呆れ果て、いずれ自分のもとを去り、離れていってしまうのです。

予言の神示の章

神託による予言

二〇一三年から二〇一五年の期間、神託のほぼすべてが現文明における終末の世界戦争に関する内容の啓示でした。

この期間は、終末戦争に関する神託を毎日書き降ろしていました。ですが、この終末戦争に関する神託の記録は、当時、神様からは外に絶対に公開してはならないと強く口止めされていた、門外不出の書でもありました。

私は、「神託の記録は、今後も外界に公表する機会が訪ずれることのない啓示なのだろう」と勝手に考えており、かなり雑に扱って管理していました。

その結果、残念なことに、今ではそのほとんどを紛失してしまいました。いま手元に残っているのは、ほんのわずかしかない神託の記録です。

唯一残った終末予言の神託の記録の中で、わかりやすい神託が「月の砂漠」の唄です。

この唄は、画家で詩人でもあった加藤まさを、そして作曲家の佐々木すぐるの童謡「月の砂漠」の唄を、審神の神託による文字変換を施して、新たなる啓示のメッセージに直したものです。

この「月の砂漠」の神託は、審神による変換文字の原文を非公開にするという条件で公開の認可が降りましたので、ここに紹介することにします。

なるべく原文に近い訳で書き記しましたので、読みにくい箇所もありますが、ご了承ください。

つきのさばく
「神界で創られた、地球文明の終末プログラムのイベント映像を開封して、その内容を述べる」
つきのさばくをはるばると
「次に起こる、終末の最後の審判の苦しみの災いを述べる。

悪の覇権を争う破壊の路に、大軍隊が音を立ててやって来る」

たびのらくだがいきました
「地表に、蛇のように長い火が網目のように羅もうして、猛威を振るって人を襲い、大量の人が苦しんで死に至ることになる」

きんとぎんとのくらおいて
「強力な機械の軍隊を持った中国軍が、世界の覇権を握る野望を抱き、悪の威を借りて、台湾に降伏と服従の脅しをかける」

ふたつならんでいきました
「まず、漁船を大量に越境させて、威圧をかけて小さな紛争を起こし、開戦の口実を得る」

きんのくらにはぎんのかめ
「次に、爆撃機と戦車を揃えた軍隊が、殺戮と破壊をするために、陸上に乗り込んでくる」

ぎんのくらにはきんのかめ
「中国の王は、愚かなる判断を下して宣戦布告をし、開戦して台湾を侵略する。
アメリカは、武器を台湾に援助して介入する」

ふたつのかめはそれぞれに
「中国の王は、烈火のごとく怒り狂い、その穢れた悪の力で殺戮の猛威を奮い、陸上を武力で蹂躙して、台湾を占領する」

ひもでむすんでありました
「中国とアメリカは、小競り合いの衝突を繰り返し、日本の総理は、アメリカとの軍事同盟の契約の下に、自衛隊で米軍の掩護射撃を任じられる」

さきのくらにはおうじさま
「日本は、中国に軍事の橋を架けて、紛争の前線基地となる。

アメリカ軍と自衛隊は、共闘して中国軍と戦い、鬼の首を捕るような働きを見せる。
日本は、中国の大きな怒りを買うことになり、日本の本土は、中国からの核の標的にされる。
日本の本州に、核は落ちる。
日本の土地は、砂塵のように散り散りになり、そこは死の海となり広がる」

あとのくらにはおひめさま
「核爆発が起こり、滝のような煙が舞い上がり、その轟音の後に、人々は裸の人形の集団となり、うろつき這いずりまわる。
アメリカ人がやってきて、日本の土地はアメリカの土地となる」

のったふたりはおそろいの
「日本の国家はなくなり、女は娼婦、子供は太鼓持ちのように媚びへつらい、アメリカ人に保護されて、米国に落ち延びていく」

しろいうわぎをきてました

「日本人は、集団で自立して生きることができなくなり、保護を受けてしか生きることができない民族となる。
　この生き地獄の期間は、数百年に及ぶことになる」

ひろいさばくをひとすじに
「豊かであった日本の国は、割れて、破滅され、引き裂かれ、墓場のような死を迎え、日本国は消滅する。
　外国に征服されて、外国の地となる」

ふたりはどこへいくのでしょう
「地球の大地は、釜焚きのように燃やされて蒸されて、熱く明るく照らされ、その後、土壌が変化して、草木の根も生えない不毛の土地の海となり、それが地球上に広がる」

おぼろにけむるつきのよを
「野ざらしにされた大量の人の死体は、地面一体に広がって放置され、人形のように横たわる。

冬の期間が千年単位で続き、文明は原始石器時代に舞い戻る」

ついのらくだはとぼとぼと

「神界の神々は集会を開き、次代の文明の民衆を統べる王を探し選び出し、その王に法を与えて、人類を長きにわたり保護する」

さきゅうをこえていきました

「神に選ばれし民は、荒れた土地を何代もかけて整地して、広がる大きな森を農地に変えて集落をつくり、集落を大きくしながら、泉谷に小さな村をつくっては増やして、民は増えて幸せを得る」

だまってこえていきました

「次の文明の代は、高御産巣日神の大神が陣頭指揮を執る文明となる。

そして、また次の文明の末期には、人々が大進化を遂げる試練のイベントを世紀末に与える」

二〇二三年二月一一日の神託

「月の砂漠」は、私が神託を始めた初期のメッセージを代表する神託です。その当時の神託の内容は、すべてこの「月の砂漠」の啓示の内容と酷似していて、終末戦争が起こるという恐ろしい内容の啓示しかありませんでした。

この終末戦争での文明の終焉を物語る警告の予言は、二〇二二年二月二二日、弥勒の神を地上に降ろす神事が完了したことで、文明終焉のルートは回避されることとなり、その告知の神託が、二〇二三年二月一一日にありました。

原文

本体

解釈

ほんたい　保護裏高御産巣日神家

意味

「神界による神事の計画が予定通りに、高御産巣日神を主体とした、別天津神家の神宮を地上界に建てることに成功したことにより、裏の路である、文明の生き残りルートに回避されたので、現文明は保護されて消滅を逃れ、今後長きにわたり昇華成長と繁栄の過程を経ることになる」

神界にてプログラムされて仕組まれたイベントは、必ず現実化して現象として現われます。大難が小難に変更されて、大火事は回避されて小火事となりましたが、現象としては小規模の災害として、必ず現実化すると思われます。

今後、小火事レベルの世界情勢の不安定な状態が続くだろうと予想されます。

契約の箱庭の章

天地の岩戸開き

かごめの唄をご存じでしょうか。

かごめの唄は、その出自から謎が多く、現在、その歌詞の意味にはいろいろな解釈が存在しています。

私は、審神者の神官となって神事をこなしているうちに、実は、かごめの唄は「天地の岩戸開き」の唄だとわかりました。

原文

かごめかごめ　かごのなかのとりーは　いついつでやーる　よあけのばんに　つるとか

めとすべった　うしろのしょうめんだーれ

解釈

かごめかごめ　籠目神宮女（霊魂の神事を執り行なう神官。魂のシンボルの形状は、雪の結晶に似た六角形の形状をしており、籠目の模様のそれに近い。神宮女は、清庭で神事に従事する巫女のことであり、神官のことを指す）

かごのなかのとりーは　籠の中の鳥居は（壁に囲まれた部屋にある小さな神社）

いついつでやーる　何時、何時、出遣る（いつになったら世の中に現われるのか）

よあけのばんに　夜明けの晩に（夜明けは、弥勒の世の始まり、晩は、現文明の終焉の時。）

つるとかめとすべった　鶴と亀と統べた（天と地の統合、神と人との融合）

うしろのしょうめんだーれ　後ろの潮目他愛霊（現文明の終焉の時に、弥勒如来が現われ、弥勒の世が始まる）

意味

霊魂を執り扱う神官が現われて、その者は、籠目の神社を建てるだろう。

その時がいつの時期かというと、現文明の終焉の時である。

その神官が、悟りを得て神と融合した後、天と地の岩戸開きがなされる。

その後に、人類を救う、弥勒の神が地上に降り立つだろう。
そして、地上界では次元を一段上げた新しい文明「弥勒三千年の弥栄の世」が始まる。

神事で建てられた御宮

「日月神示」の著書である岡本天明氏が、晩年の一九六二年に、妻の三典に「次の世のカタは他ででているようだ」と語ったと言われています。

神様によると、そのカタは、私の自宅の部屋の清庭で建てられた御宮だということです。

「立体から複立体、複々立体、立立体と申してあろうが」(春の巻　三八帖)と書の中でも語られていますが、自宅の御宮の構造にピタリと当てはまります。

神事で建てられた御宮は、神界と人界に交わされた契約の証でもあり、御宮の形状に沿って、人界への現実化が遂行されます。

御宮の造りは、部屋の中央にある御宮を中心に、東西南北中の五方向の方角に広がってつくられており、五つのすべての御宮が、立体的な曼荼羅構造でつくられています。

この曼荼羅構造の形状には、五つの御宮で、それぞれ別の意味の真理が内在しているということを意味しています。そして、五つの御宮がそれぞれ別の役割をしながらも、全体が一つとなって機能するという、金剛界曼荼羅に似た形式となっています。

「日月神示」にも、これを示す次の記述があります。

「霊界人は、その向いている方向が北である。

しかし、地上人の言う北ではなく、中心という意味である。

中心は、歓喜の中の歓喜である。

それを基として前後、左右、上下その他に、無限立体方向が定まっているのである。

霊界人は地上人が見て、いずれの方向に向かっていようと、その向かっている方向が中心であることを理解しなければならない」（地震の章　第六帖）

この御宮は、富士山をご神体とした富士山の境内の一部として建てられています。富士山をご神体としているというその真理は、日本の中心を意味します。

神事にて、富士山に弥勒の神を降臨させる儀式を行ないました。現在、富士山には、弥勒の神が宿っているのです。

今回、写真にてこの御宮を公開するにあたり、許可が降りたのは、東西南北中の五方向に広がる御宮のうち、北の御宮と中央の御宮のみですが、それを公開します（その他の御宮は非公開）。

北の御宮（右側）

北の御宮には、大きく分けて二つの御宮が建っています。

二つは、左右にそれぞれ分かれて建てられており、右の宮は、二〇二〇年八月二〇日以降に建てられた御宮です。これは、「弥勒三千年の弥栄の世」という真理が内蔵されている御宮です。

「弥勒三千年の世」の始まりから終わりまでの、人界で発現するプログラムデータが内蔵されたゲームパッケージがすでに神界で創られて完成しており、神界で管理運営されていることの暗示が含まれています。

上面に敷かれた、仏陀の絵が描かれたタペストリーは、仏陀ではなく弥勒の神を暗示していて、このタペストリー一面が弥勒の世の全体像を意味しています。

このタペストリーの大きさは、約八〇〇ミリ四方であり、このタペストリーを三千分割すると、一五ミリ四方の三千個の集合体となります。

この一五ミリ四方を、一年分のプログラムデータと仮定すると、それが三千個の集合体となるので、三千年分のプログラムデータがあることになります。

このタペストリーは、神界に保管している弥勒三千年世界のホログラフィックデータであり、ゲームパッケージの象徴なのです。

写真手前にある、黒い生地に金の刺繍の敷物は、一五ミリ四方の、弥勒の世のプログラムデータを拡大して可視化したものという真理の象徴です。その上に置いてある石像は、プログラムデータを読み込んで、再生して、現実化させる、ホログラフィック映像の３Ｄ再生機という仕組みの暗示を示しています。

北の御宮(左側)

北の御宮のうち、左の宮は、神事を始めた初期である二〇一四年頃から建てられた御宮になります。

この御宮は、ピラミッド構造の胎蔵曼荼羅が立体で表現された、宇宙の仕組みの世界観を縮図的に表わした構造になっていて、この神殿全体が「契約の箱庭」といわれるゆえんでもあります。

座布団、お盆、磁器皿、鉄器皿、の四つからなる仕切りがそれぞれの界になっていて、下層から上層に順に重なる立体構造でできています。

一番手前になる座布団のエリアは、人界の界です。

次の奥のお盆のエリアは、神界の国津神の神界です。

次の奥の磁器皿のエリアは、神代七代の天津神の大神界です。

一番奥になる鉄器皿のエリアは、別天津神の本神界です。

中央の御宮

中央の御宮は、神殿全体の基幹となる御宮で、家に例えれば、中央の柱ともいうべき中心的存在です。

神界、霊界、人界の三界が、共通した秩序で繋がって宇宙は成り立っているという、宇宙の真理を表わした構造でできています。

これは、この宇宙が本神界（別天津神）を頂点とし、同時に中心としているという、三界で共通する法と秩序があり、地上界である人界にもそれはあるという、神界と人界で交わされた「立体的構造物での契約書」でもあります。

最上階は本神界となっていて、御客座五神（天之御中主神、高御産巣日神、神産巣日神、宇摩志阿斯訶備比古遅神、天之常立神）が祀られており、真ん中は神界、下階は霊界と人界、の三界（一＋三界）の関係性を表わした立体構造物です。

また、本神である御客座五神は、御宮の根幹となる存在であり、東西南北中のすべての御宮に存在していて祀られています。

悟りの解説の章

悟りへの欲求

人は、悟りを得ることを欲求として持っています。

ですが、実際に人と交流するなかでは、すべての人が悟りへの覚醒の欲求を持ち合わせているわけではなく、それどころか逆に、悟りに興味を示す人はごくわずかな人のようにさえ感じます。

それはなぜでしょうか。

それを知るには、まず魂の構造の仕組みと構成を見なければなりません。

魂の構成については、すべての魂のレベルは一律一定ではなく、各自の魂には、六つの成長段階が存在しています。そして、未成熟の魂は、上位の欲求能力の因子に鍵が掛かってロックされている状態であり、魂がある成長段階に至らないと鍵が開きません。悟りに目覚めて覚醒したいという欲求が、欲求として開かない仕組みに魂がプログラム構築されているのです。

そのため、生涯にわたって悟りへの欲求が開かないまま生活を過ごす人も多数存在しており、生涯、悟りへの欲求を持ち合わせない人もいますし、また、人生の途中から突然に悟りの欲求が芽生える人もいます。

この魂の構成のシステム上の理由から、悟りへの覚醒欲求が開いていない人は、世界の人口の大多数にのぼると推測できます。

では、なぜ人が悟りへの覚醒欲求を本能として持ち合わせているのかというと、「悟りの獲得」が、私達が生きているこの人界での真に求める人生の目的であるからです。そして、悟りを得るまでの期間、この世に生まれてから死ぬまでの日々生きて体験して得た経験が、魂に成長記録として刻まれていきます。

悟りがこの世で生きる真の目的である理由としては、人界との対の世界である霊界の存在が深く関係しています。霊界と人界は、交互に補完し合う関係性で成り立つ世界で創られているからです。

悟りとは、物質世界のこの世である人界と深い関わりのある、精神世界の霊界との架け橋的な鍵になっていて、霊界の存在意義そのものでもあるのです。

魂に七色の虹を架ける

魂の構造を虹に例えると、七色の橋を架けて完成させる作業が悟りを得ることとなります。

人界に住む人は、六つの欲求を持ち合わせています。

この六つの欲求と、それを管理する六体の霊界人、そしてこの六体の霊界人を監督する一体の守護霊という、霊的存在である霊界人の存在が人に深く関与しています。そして、各七色の色のバランスをほどよく均一に揃えるということが悟りの覚醒を得ることに繋がるのです。

人界に住む人間には、霊的視点から観る［魂の成長プログラム］というものが存在します。魂の成長プログラムの構成には、上位と下位の、学校でいう学級に相当する二つの領域が存在しています。

また、この学級を細かく分類すると、六つの欲求に該当する六種類の単位が存在しています。

二つの学級は、下位の【物質的な体裁の領域】と上位の【精神的な体裁の領域】に分けられています。

六種類の単位は、達磨落としの人形のように構築されていて、各単位が下から上に進級するように段階的に積み上がってできています。

下位から上位に向かって、

［生存の依存欲求］
［愛着の依存欲求］
［権威の依存欲求］
［承認の依存欲求］
［集団帰属の依存欲求］
［悟りの覚醒欲求］

という六つの欲求が単位として存在しています。

そのすべてが独立しながらも連動していて、立体的差位と立体的平衡という、差別と平等の相反した性質を内包して持ち合わせています。

そのうち、【物質的体裁の領域】のグループに分類される単位群は［生存の依存欲求］［愛着の依存欲求］［権威の依存欲求］になります。

【精神的な体裁の領域】のグループに分類される単位群は［承認の依存欲求］［集団帰属の依存欲求］［悟りの覚醒欲求］になります。

雪の結晶の形状のシンボル

それぞれの各単位である欲求は、下から上へと順に、学びのレベルに合わせて段階的に開いていくものなので、すべての人が全六段階の欲求を現時点で持ち合わせているわけではありません。

過去、現在、未来へと流れる時間での、果てしなく長い年月の時間の中での体験と、体感の強度と、その心的理解度に合わせて、ゆっくりと開いていくのです。

また、霊的視点から観ると、各欲求はそれぞれに異なったシンボルの形状をしています。それらが折り重なって重複した状態が、魂として構築されています。

その欲求のシンボルの形状は、見た目は雪の結晶のような形をしており、下位はシンプルな構造に、上位は、下位から上位のシンボルが順に折り重なりながら積み重なって構築されているという構造上の理由から、シンボルが複雑な構造になっています。

一回の人生での悟りは不可能

人が人界で生きる目的は、六つの依存欲求の単位を、各自にそれぞれに完成させて悟りを得ることです。ですが、人が一生涯の人生を過ごすという時間内では、一つの欲求の単位を完成させることすらできません。一つの欲求の完成に必要となる体験と経験の量は、膨大な密度を必要とするからです。

他者と共に行動して同時に同じ体験をしても、それぞれに得た経験値は人によって違うものであり、等しくはありません。人それぞれに感じる体感の感触と理解力のレベルなど、その濃密度はそれぞれ人によって違うものだからです。

一つの欲求の単位習得の進捗度は、人の一生の時間の中で、おおよそ、単位の完成度合いの一割か二割程度なのです。

それを補うためには、何度も人界に生まれ出て経験値を積む必要が出てきます。過去、現在、未来と複数の人生をまたいで繋ぐことで経験値を稼ぎ、総合的に魂のシンボルの完成を目指すシステムが要るのです。

これが、輪廻転生のシステムです。

輪廻転生のシステム

輪廻転生のシステムの中での人生は、性も、時代も、生まれてくる国も、そのたびに異なり、環境が激変することになります。

そうした前世を何度も積み重ね合わせるといった、パズルのピースを実体験の人生を通して集める作業が「六つの欲求の各単位を完成させて悟りを得る」という壮大な人界での人生のパズルゲームの目的となります。

人界で人が臨終したときには、死に際に六つの単位の経験値を一時保存して霊界へと移り、霊界で生まれ変わります。

再度ステージを変えてゲームの再開をするために、再び人界に人として生まれ変わる際には、生前（前回の死後）の魂の単位の状態をフィードバックして人界に生まれ変わって戻ることになります。

階層ごとに異なる善悪の価値観

宇宙は「神界」「霊界」「人界」の三界の階層で構成されています。

そのすべての界で、立体的差位と立体的平衡という、縦と横に差別化されていて、差別と平等が同時に内包されているという、一見矛盾した状態の構造が絶妙なるバランスを持って構築されて成り立っています。

人界でのすべての欲求の単位には、上位から下位への六段階にわたる差位が設けられており、その各単位の善悪の基準がそれぞれに異なっています。

人界には、六つの欲求の単位が存在するので、それぞれの単位の各層の領域内である、同気同一の人達でのみ感覚的に共感共有できるという、限定された六層の善悪の価値観が存在しています。各段に、六種類の異なる善悪の価値観が無意識的に存在しているのです。

欲求は、上位にいくほど善意度が高く、下位にいくほど悪意度が高くなっていく傾向があります。上位にいくほど他者慈愛的な欲求の単位になり、その領域の法と秩序は、平均値から見て善に映ります。下位にいくほど自己中心的な欲求の単位になり、その領域の法と秩序は、平均値から見ると悪に映ります。

五〇階建ての高層マンションに住む住人で例えるなら、一階に住む人と、五〇階に住む人の外観の景色の風景が、同じマンションに住みながらもまるで別世界の違う風景に見えると思います。

それが、最下層と最上層の見える景色と抱く感覚の違いであり、そこに住んでいて、それぞれに抱いて感じる感覚は、正しくもありますが、異なる階の住民には全く正しくはなく、決してわかり合えない感覚なのです。

なので、霊的な視点に立って善悪の法を観ると、すべての階層の人が抱く善悪の感覚は、その立体の差位のずれからくる感覚でしかありません。結果、この宇宙に完全なる絶対的な一つの善悪の法とは存在しえないのです。

それを踏まえて、人界での社会的な法の善悪の基準は、全人口を足して二で割った、平均値の善悪の価値観の法でコントロールしていると感じます。五〇階の高層マンションでしたら、平均値は二五階相当の住民が見る景色である価値観でしょう。

社会の成功者は平均値の層

国についても、総国民の魂のレベルの平均値がその国の善悪の価値観の基準であると感じます。

そして、さらに細かく、国や県や町単位の集団で、その平均値の価値観は目に見えずとも存在しています。

善悪の価値観の異なる人達が、一つの社会でスムーズに生活できるように、集合意識の無意識下で、全体の平均値を基準としての法と秩序を共通のルールとしているのです。

ですから、魂の最下層と最上層の人にとっては、当人が抱く価値観が平均値から大きく外れているために、自分の価値観で普通に生活すると社会から大きくずれた人になってしまいます。社会のルールは当人にとって適応しづらく、社会は生きにくく感じることになってしまうのです。

地球に例えるなら、極である北極と南極が険しい環境で、赤道付近が温暖で住みやすい環境であるのと同じ理屈です。

一方、平均値に近い層の人達には、社会の法とルールは自身の持つ価値観に適していて、快適な環境です。

この理由から、社会的に成功している人は、平均値である真ん中の層（権威の依存欲求と承認の依存欲求）の人達が圧倒的に多いのです。

それぞれの欲求で、同じ単位の領域に属する同気同一の人同士は、波長が同調しているので、善悪の価値観を共有して生活しています。

同じ単位に属する人同士は、同じ善悪の価値観である法と秩序のルールを共感し合い、共有しているので、出会ったその瞬間から、会話を交わさなくてもお互いの雰囲気をわかり合えて、長年の友のように親しみを感じる間柄になるのです。

欲求が属する二つのグループ群

六つの欲求は、大きな二つのグループ群に分かれて属しています。

二つのグループ群は、【物質的な体裁の領域】のグループ群と、【精神的な体裁の領域】のグループ群です。

また、古代の中国の思想家である孟子が提唱した性善説（人は生まれながらに善の性質を持つ）は【精神的な体裁の領域】のグループ群、それに対して、荀子によって提唱された性悪説（人は生まれながらに悪の性質を持つ）は【物質的な体裁の領域】のグループ群に当てはまります。この両方の説は、魂の平均値を境に、善と悪と分け隔てることで両方の説ともに存在が説明できます。

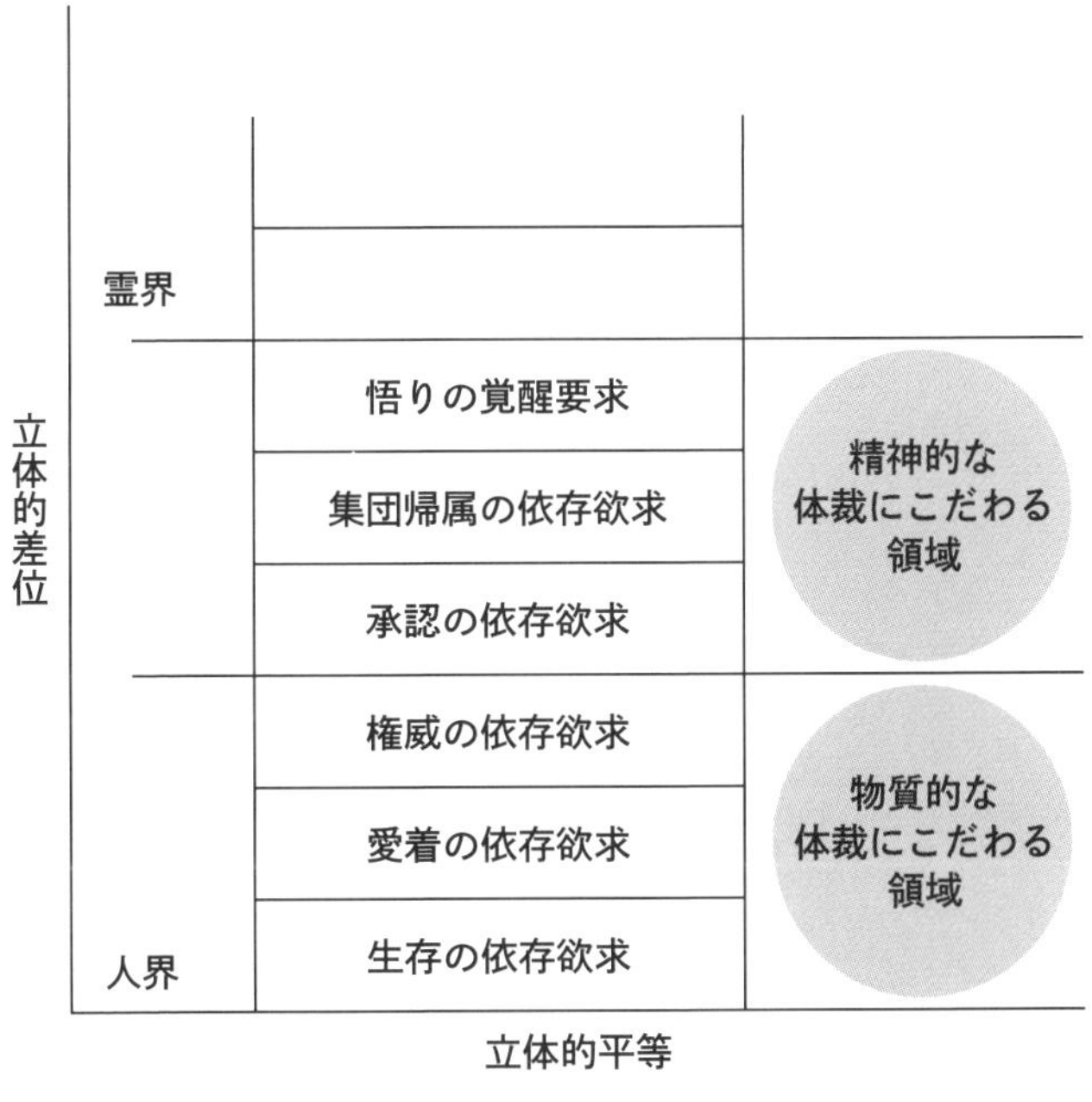
霊界
悟りの覚醒要求
集団帰属の依存欲求
承認の依存欲求
権威の依存欲求
愛着の依存欲求
生存の依存欲求
人界
精神的な
体裁にこだわる
領域
物質的な
体裁にこだわる
領域
立体的差位
立体的平等

【物質的な体裁の領域】に属するグループ群の欲求は、
［生存の依存欲求］
［愛着の依存欲求］
［権威の依存欲求］
の三つです。このグループ群は性悪説の特徴を帯びています。

- 生存の依存欲求　性悪大
- 愛着の依存欲求　性悪中
- 権威の依存欲求　性悪小

また、このグループ群の価値基準は外界であり、ここに属する人は、他者を内面より外面の価値で判断しています。そのため、物質的繁栄がこのグループ群の成功譚であり、権威の依存欲求を最上位に、ここを頂点としたヒエラルキーの社会で成り立っています。

【精神的な体裁の領域】に属するグループの欲求は、
［承認の依存欲求］
［集団帰属の依存欲求］
［悟りの覚醒欲求］

の三つです。このグループ群は性善説の特徴を帯びています。

- 承認の依存欲求　性善小
- 集団帰属の依存欲求　性善中
- 悟りの覚醒欲求　性善大

このグループ群の価値基準は内界であり、ここに属する人は、他者を外面より内面の価値で判断しています。そのため、精神的成熟がこのグループ群の成功譚であり、悟りの覚醒欲求を最上位に、ここを頂点としたヒエラルキーの社会で成り立っています。

六段階の欲求と正負の性質

人に備わっている欲求は六つあります。

その欲求は、下位から上位に六段階に分け隔てられていて、立体的差位と立体的平衡という、差別と平等が共存している矛盾した性質を内包して併せ持ちます。

各々の欲求は、すべてに正（外交的）、負（内向的）の対極の性質を持ち合わせて内包しており、正側と負側に半円ずつに分かれています。

正（外向的）の人の性質は、外界に強く関心があり、相手や集団の様子の状況把握がうまく、その場の対応に自然と応じられます。また、人当たり良くふるまい、他者に明るくて活発な印象を与え、頭の回転が速い印象を与えます。

多数派の意見や場の雰囲気、また参加する集団の常識を読み取る能力に長けており、柔軟で機敏性に優れていて、そつなく場に合わせて立ち振る舞います。常識を重んじていて、それを基準に行動するので、表面的には多くの他者との共感を得やすくなります。

一方で、それは自分の内界に疎い傾向があるからであり、独自の発想やアイデアはあまりなく、自身の考えが他者の影響を強く受けているので自分の基準がなく、優柔不断で流されやすい特徴があります。

負（内向的）の人の性質は、内界への関心が強くあり、繊細で身体の感覚に鋭く、常識に囚われず自分の価値観の思考で行動します。そのため、こだわりが強く、常識に合わない価値観も多くあり、他者にはその行動が時には突飛に映り、他者との交流に違和感を抱きやすいために、他者に合わせることで疲れやすく、団体行動よりも個人行動が多くなります。そのため、他者からは人づきあいが悪くマイペースに映ります。

オリジナリティ溢れる独自の考えや思いを秘めていますが、オリジナルがゆえに、外界にその見本が存在しないため、明快に他者にそれを説明するのが難しく、外界に表出されるのに時間がかかります。そのため、思っていることを一度自分の体験に当てはめて内側で理解する必要があり、咀嚼しないと表現できないために、即座に対応することを苦手にしています。自分の考えの軸にブレがなく、決断力に優れている特徴があります。

欲求の三段階の成長ステージ

各欲求の成長には三段階の成長ステージが存在していて、次のようなターニングポイントがあります。

- 第一のステージは、正側は負側に、負側は正側にと極端に振れる、不安定な高低波を繰り返す成長です。
- 第二のステージは、正負の両方の極を得て、両性の性質を併せ持った両極を持つ状態に昇華した成長です。
- 第三のステージは、一つの欲求のシンボルの完成の総仕上げで、突然に衝撃的な、不幸と感じる物理的現象が体験として起き、そのつらい現実を傷つきながらも乗り越えるという成長です。

それは、死を覚悟するほどの大きな雷が落ちたような感覚であって、人生の試練と感じるものであり、大きな物質的代償と精神的代償を伴います。

その大きな試練である出来事を乗り越えることで、正側と負側の成長進化の完成形である両極を得ることになります。そうして、バランスを保ちつつ完全に揺るぎない心を持つに至ると、一つの欲求を完全に成長昇華した証として欲求のシンボルが完成し、一つの欲求の単位取得となります。

正負の関係性

欲求の正負の性質は精神エネルギーであり、人間の行動力の源でもあります。

正はポジティブな優越感で、負はネガティブな劣等感です。優越感や劣等感がそのエネルギーの源であり、それが強い人ほど大きなエネルギーを抱え持っています。それゆえに、優越感、劣等感を抱えた人が成功に向かって突き進む行動は衝動的であり、心の不安定さのバランスを取りたいという心の叫びの反動の行動ともいえます。

優越感や劣等感を抱えた人は、どれだけ過剰に満たされても、それは表面的に満たされただけでしかなく、根本的な原因である偏った精神エネルギーが満たされたわけではないので、精神的には完全に充足されていません。そのため、常に満たされていない空腹のような状態であり、常に渇望しています。

優越感のタイプは行動力が高い状態で維持されています。劣等感のタイプは行動力が低く停滞しています。

また、磁場の特性である＋極と－極のような関係性を持ち合わせていて、互いに対極の性質を持ちながらも、エネルギー質量は同量という特徴があります。

この正と負という、対極の合わせ鏡である者同士が出会うと、磁場の性質のように両者が惹かれ合い、共感し合うといった親密な間柄になる特性があります。それは、互いが性質的に陽陰の相互補完関係であり、相反した逆の波の同波長を持っていることから起こります。

両者は、表裏という違う側面の、同じ価値観を共有する者同士なので、一枚のコインの表裏で場を共有する一体化した関係性であり、互いに魅力を感じ合います。そうなると、両者は互いに一体感を抱いて、過度に距離感が近く、愛情と嫉妬が交錯した愛憎の感情を抱く間柄になります。

また、正側が支配、負側が従属の精神的支配関係の共依存関係になります。

恋愛に依存する仕組み

欲求が、正側か負側かの片側の状態のときは、欲求の成長度はまだ未成熟であり、未完成の初期状態です。

このときの欲求のシンボルの形状は、上下が半分ずつ欠けた半円同士になっています。そのため、正側、負側の性質を互いに持つ両者が一定の近距離感にいる間は、両者の魂は互いにシンボルが共鳴し合い、両者が互いに補完し合って完成形の円を獲得している状態になります。

このとき、感情的には相手を過敏に意識している状態になり、好意か嫌悪かのどちらかの感情を抱きます。

そして、両者のシンボルの円は、いびつながらも仮に完成されている安定状態になります。その状態では、精神的に安心感を得ることができる仕組みになっているため、脳内に安心感を抱くセロトニンが分泌されて、幸福感で心が満たされます。ですが、両者が離れて物理的距離感ができると、再び自身の持つシンボルの欲求の円が半円に戻ります。

このとき両者は、再び不安定な精神状態になり、分離不安が起こって不安感が生じ、欠乏感や喪失感を心に生じ、ストレスが発生して、脳内にストレスを緩和するノルアドレナリンが放出されます。欠乏間や喪失感を感じてイライラしているときに、両者が近づくと、再会できた喜びで興奮状態になり、脳内にドーパミンが分泌されます。

そうやって近づいたり離れたりが何度も繰り返し行われると、喪失感と高揚感の作用が原因での、脳内ホルモンの過剰分泌による中毒性が生まれ、お互いに離れられない強固な依存関係性が形成されます。

両者が近づいていて一体感を抱いている間も、それぞれのシンボルは、本来、個体では不完全であり、完全体ではありません。そこに不調和の軋轢が生じて、ストレスが発生します。

人界は物質界の世界ですから、その制約から、生活するために物理的に近づいたり離れたりの生活を繰り返さなければならず、そこから生じる高揚感や幸福感、欠乏感や喪失感の感情の落差を大きく感じながらストレスとして溜めていくこととなります。そして、親密な関係性を維持している期間は、親密度が高いほどそれに比例して互いに傷つけ合うことが多くなるのです。

不安定から安定的な人間関係への構築

精神と肉体の負担をかけ続けながら付き合うという、浮き沈みの激しい愛憎劇を長年繰り返していると、やがて精神と肉体の臨界点が来て関係が破綻します。そして、心身ともに完全に消耗して絶望感を感じた時に昇華成長が起こります。これは、正負を両方併せ持った中立である両極状態に転調移行するという成長です。

そこからしばらく、両極を持った状態に慣れて安定したら、この欲求の単位取得に向けた最終的な試練が起こり、この欲求の単位取得となります。

正負の両極を持つに至ると、自身の持つシンボルの形状が完全な円となり、自身単一でシンボルが安定してきます。そのため、この完成に至った欲求の段階である同気同一の人には心を揺さぶられることが一切なくなり、魅力を感じなくなります。恋愛感情のときめきの症状であるドキドキがしなくなるのです。

そして、このシンボルが完成した欲求の段階の人に対しては、すべての人にほどよく距離感を保てる良い友人となり、良好な信頼関係を築けるようになります。

生存の依存欲求

生存の依存欲求は、最下位に位置する物質的欲求です。一言でその特徴を表わすなら、「自己愛の追及」の人。身体に深く関わる本能欲求でもあり、生きていくための生命維持の機能のために必要な物質を欲する基本的な欲求です。食欲、睡眠欲、性欲、排泄欲などがそれに当てはまります。

この欲求の昇華が進んでいないと、物質依存症の症状の傾向の性格が現われます。

ここの欲求に所属する同位のコミュニティは、先輩、後輩など、生活圏のごく身近な交友関係のサークルで構成されています。ローカルな身内意識がとても強く、視野が非常に狭く、世間体にはさほど関心を示さず、自己中心的で他者に気を配らない言動や行動が多くみられます。先のことをあまり考えずに、短絡的に手軽に手に入る享楽的な快楽にのめり込みやすく、身体的快楽に対する執着心が過剰にあります。酒、タバコ、薬物、セックス、食べ物など、これらのどれか、または複数に依存する傾向があります。

自己中心的なナルシストで、他者を自分の思い通りに動かして利用し、他者から多く搾取することで自分の利益にすることを望みます。後先を深く思慮せず、場当たり的な都合のよい発言をするために、時系列的にはその言質が大きく変化して、結果、その整合性が取れず、他者からの信用は低くなります。

肉体的な腕力の強さやスタイルの良さなど、身体的な特徴の優劣を競い、他者と上下関係の縦社会の秩序のルールで人間関係を築きます。また、縄張り意識がとても強い傾向があります。

この段階の欲求の人は、本来の生命維持の機能のために物質を欲するのではなく、不安や寂しさからこれらを欲しており、一時的に精神的な安心感と満足感を得られるためにこれらを欲します。身体的な本能の欲求を満たして満足感を得ることで、心の安心感を得ることを求める欲求です。

幸せを他者と共有したい物理的距離の領域は、自身が住む「区」の規模の広さです。

正側は、自身が過剰摂取する物質依存行為を肯定的に受け止めていて、その依存状態を人より優れている特徴と自己認識しており、その依存行為により他者に優越感を感じています。

負側は、自身が過剰摂取する物質依存行為に罪悪感を持ち、依存行為後に後悔をするが、その依存行為をやめられない状態です。

また、この依存状態を生かす仕事に就いた場合は、社会的にはこの依存状態の暴走が「仕事ができる人」という高評価と承認を得られる傾向にあります。

愛着の依存欲求

愛着の依存欲求は、下から二番目に位置する物質的欲求です。一言でその特徴を表わすなら、「家族親近間の絆」の人。心身の安全が確保された状態と環境で、安心して生活を送りたいという欲求です。

生後から幼少期にかけて、家族間での身体的愛着の欠乏による身体の不安定状態のまま大人に成長したことが、この依存と深く関係しています。この欲求の昇華が進んでないと、プロセス依存症、世話型依存症の傾向の性格が現われます。

一人でいるのが不安で、常に誰かと接している状態を望みます。自分の身体の面倒を他者に看て欲しいという願望から、身内に対する執着心が異常に強く、夫婦、両親、子供、兄弟姉妹、恋人、親友、親戚など、家族間とそれに準ずるコミュニティに執着心を抱き、常に密着していないと不安になります。

見捨てられる不安を常に抱えていて、一人になることを怖れており、他者に過保護に接して常に相手を監視し、相手の意見を否定して自分の意見を優先させ、相手の自立を阻むことで相手を自分に依存させて離れられなくすることで見捨てられる不安を回避しようと試みます。恋愛、買い物、ギャンブルなど、刺激性が高い行為に対する執着心が過剰にあり、これらのどれか、または複数に依存する傾向があります。

この欲求に起因する根本的な原因は、幼少期に満たされなかった愛着の不足から来る見捨てられ不安による、虚しさ、悲しさ、寂しさであり、常に湧き上がる孤独感から逃避できる刺激を欲して、プロセス依存の行為に走ります。

これらの依存行為をした後は、脳内にドーパミンが分泌されて、一時的に精神的な興奮状態からの多幸感を得ることができ、孤独感から解放されて満足感が得られます。そのため、慢性的にプロセス依存を欲します。過度の刺激的な興奮を得ることで、愛着の欠如からくる不安感の一時的逃避を得ることを求める依存欲求です。

幸せを他者と共有したい物理的距離の領域は、自身が住む「町」の規模の広さです。

正側は、自身の過負荷な刺激的行為の依存行為を肯定的に受け止めていて、その依存状態を人より優れている特徴と自己認識しており、その依存行為により、他者に優越感を感じています。

負側は、自身の過負荷な刺激的行為の依存行為に罪悪感を持ち、依存行為後に後悔をするが、その依存行為をやめられない状態です。

また、これらを生かす仕事に就いた場合は、社会的にはこの依存状態の暴走が「仕事ができる人」という好評価と承認を得られる傾向にあります。

権威の依存欲求

権威の依存欲求は、下から三番目に位置する物質的欲求です。一言でその特徴を表わすなら、「権勢による統率」の人。物質的な豊かさを誇示して、外界のコミュニティから承認を得たい欲求で、所有する財産や重役級の役職など、華やかで名誉ある権力の地位にこだわりがあり、自身の属する会社やコミュニティに一目置かれて影響力を及ぼす存在でいたいという物質的承認欲求です。

この欲求の昇華が進んでいないと、仕事依存症、買い物依存症の傾向の性格が現われます。常に他者よりも地位や能力が秀でていることを願い、周りからもそれを認められて賞賛されたいという承認欲からの衝動から、非常にバイタリティがあり、仕事熱心です。仕事が大好きで、仕事が趣味であり、表面的には仕事に対して心理的・肉体的な負担を感じない傾向があります。

競争意識が高く負けず嫌いなために、常に一番優秀であることを自身のモチベーションとしていますが、そのために常時下から追われる恐怖がつきまとい、イライラが透けて見えて近寄りがたく、常に緊張感で気が張っています。

上昇志向を持ち出世欲があるので、自身より上位の他者に評価されたいために、権威ある者の前では腰が低くいい人ですが、プライドの高さから、自分より下位と判断した他者には卑下して見下す傾向があり、傲慢に映ります。

年中、仕事のことしか頭になく、休日になると余暇の過ごし方がわかりません。周りに認められたい気持ちから、仕事を常に抱えてオーバーワークになりがちで、ストレスを溜めやすく、欲しくなくて使わないのにたくさんの買い物をしてストレスを解消する傾向があります。

自身の所属するコミュニティ内で、不特定多数の他者から賞賛されたい願望があり、他者からの評価に過剰に敏感です。ゆえに、物質的に他者より優位であるというマウントをとるために、高級車や高級ブランド品を好み、栄光、注目、地位、賞賛などの優越感に執着心があります。

幸せを他者と共有したい物理的距離の領域は、自身が住む「市」の規模の広さです。

正側は、自身が過剰に仕事に没頭する依存行為を肯定的に受け止めていて、その依存状態を人より優れている特徴と自己認識しており、その依存行為により他者に優越感を感じています。

負側は、自身が過剰に仕事に従事する依存行為に嫌悪感を持ち、依存行為後に後悔をするが、その依存行為をやめられない状態です。

また、これらを生かす仕事に就いた場合は、社会的にはこの依存状態の暴走が「仕事ができる人」という好評価と承認を得られる傾向にあります。

承認の依存欲求

承認の依存欲求は、下から四番目に位置する精神的欲求です。一言でその特徴を表わすなら、「カリスマ性の称号集め」の人。自身に内在する美的センスや才能を認められたくて、毎日キラキラして生きているという、内面の評価を他者から得たい承認欲求です。

この欲求の昇華が進んでいないと、オタク的依存症の傾向の性格が現われます。他者や属するコミュニティから評価されることを自己の評価の基準としているので、他者から見られている自分に対して過剰に機敏になる傾向があり、他者に常に気を遣って優しく接するという特徴があります。そのため、自身の感情を偽ってまで他者に接することが多く、怒りがあっても表面上はにこやかに過ごしてしまうことで心身のバランスを崩しやすく、感情の起伏と躁鬱が激しい傾向があります。

また、美意識や美的センスへのこだわりが強く、自身の容姿や自身を着飾るアイテムに執着が強く、自分が常に美しくあることを異常に気にかけます。周りから抜きんでて注目されることを好み、派手に着飾り、行動も悪目立ちします。ですが、承認されたい欲求が過剰に強いのとは裏腹に、繊細なため、人間関係に気を遣いすぎます。

また、いい人を演じ過ぎてしまい、自分の本心をさらけ出せずに悶々として素の自分と演じている自分に差ができ、日常生活で神経をすり減らして疲れやすい傾向にあります。それが原因で人間関係が長く続かないために引きこもりがちになりやすく、他者と安定した信頼関係がうまく築けないことも多いようです。

他者にいい人に見られたいために、怒りや寂しさや孤独感を直接人にぶつけることが苦手で、人との直接的な関わりを断ち現実逃避するために、ストレスを抱えるとそれを二次元的精神世界で埋める傾向があり、ＳＮＳやゲームなどに没頭しやすくなります。

幸せを他者と共有したい物理的距離の領域は、自身が住む「県」の規模の広さです。

正側は、自意識過剰なオタク的行為をする依存行為を肯定的に受け止めていて、その依存状態を人より優れている特徴と自己認識しており、その依存行為により他者に優越感を感じています。

負側は、自信がなく自尊心が低いために依存行為にふけり現実逃避して、依存行為後に後悔をするが、その依存行為をやめられない状態です。

また、これらを生かす仕事に就いた場合は、社会的にはこの依存状態の暴走が「仕事ができる人」という好評価と承認を得られる傾向にあります。

集団帰属の依存欲求

集団帰属の依存欲求は、下から五番目に位置する精神的欲求です。一言でその特徴を表わすなら、「善良なる社会奉仕」の人。社会での慈善的な活動に関心があり、自身が共感を持てる宗教や慈善的集団に属します。

平和的精神と共存的精神の思考を併せ持っていて、人との争いを好まず、常に社会をより良くしたいと願っています。

この欲求の昇華が進んでないと、介入型依存症の傾向の性格が現われます。社会の模範的な人であり、それを他者から認められたいという承認欲求があります。保守的で防衛心が強く、歴史がある古典的宗教や団体の理念を好みます。

自身が属する集団の社会的評価や集団内での自分の地位に神経を費やし、その集団の理念や理想を実現するために、自分のプライベートの時間を削って日々奔走します。帰属する集団の理念を実現しようと、自分と全く関係のない、人が抱えるトラブルに積極的に介入して、属する集団の組織の法に照らし合わせて裁き、トラブルの解決を図ります。

当事者間の間に積極的に割って入り、その場を仕切り、最終的に人の役に立って頼りにされることで、属する組織のメンバーから賞賛され、自身の社会への貢献度と自己の存在意義を満たします。

幸せを他者と共有したい物理的距離の領域は、自身が住む「地方」の規模の広さです。

正側は、自身の過剰な奉仕的慈善行為となる依存行為を肯定的に受け止めていて、その依存状態を人より優れている特徴と自己認識しており、その依存行為により、他者に優越感を感じています。

負側は、自身の奉仕的慈善活動で結果が残せず、空回りするたびに自分の能力に限界を感じ、無力感を抱え、依存行為後に後悔をするが、その依存行為をやめられない状態です。

また、これらを生かす仕事に就いた場合は、社会的にはこの依存状態の暴走が「仕事ができる人」という好評価と承認を得られる傾向にあります。

悟りの覚醒欲求

悟りの覚醒欲求は、下から六番目に位置し、一番上位の精神的欲求です。一言でその特徴を表わすなら、「精神性の革新」の人。自我を超越した自己に興味を抱き、人智を超えた霊感と、平和的かつ革新的なスピリチュアリズムに惹かれます。

この欲求の昇華が進んでないと、妄想型依存症の傾向の性格が現われます。誰も傷つけ合わないという理想郷を追い求め、革新的なモデルの共同社会での共存共栄を理想化して夢想し、それを目指して行動します。

自身が共感を持てるスピリチュアル集団に属しますが、平和的共存共栄の精神が強いために縄張り的な垣根がなく、固定の集団にこだわらずに自身の抱く理念が近い複数の集団に属する傾向があります。平和的精神と共存的精神の思考を併せ持っていて、人との争いを好まず、社会を悪の一切ない善のみの社会に変革したいと願っています。

日常で、非日常的な神秘的体験を追い求める生活を重視していて、神性や霊性を日常生活のあらゆる場面に追い求めます。また、集団には属しますが、各々が個人的に霊性に繋がることを追い求めていて、それを目指している仲間と相互の体験と意識を共有しながら、平和的社会の実現に取り組みます。

幸せを他者と共有したい物理的距離の領域は、「国」の規模の広さです。

正側は、自身の過剰で妄想的な神秘的体験を追及する依存行為を肯定的に受け止めていて、その依存状態を人より優れている特徴と自己認識しており、その依存行為により、他者に優越感を感じています。

負側は、自身の妄想的な神秘的体験の、経験の実感の不足感から満足できず、神秘的体験をより追及する依存行為に日々没頭して、その依存行為をやめられない状態です。

また、これらを生かす仕事に就いた場合は、社会的にはこの依存状態の暴走が「仕事ができる人」という好評価と承認を得られる傾向にあります。

霊界人の指導霊

霊界には、霊界人が住んでいます。霊界とは、人が死後に行く世界で、いわゆるあの世であり、人が人界に生まれて来る以前、すなわち生前に生活している世界でもあります。ですから、生前、死後は、人も霊界に住む霊界人であるのです。

霊界人と人とは密接に関わっており、人界で生活している人は、人が単独で意思決定して日常を生きているわけではなく、霊界人から直観やアイデアを得ていて、意思と思考を共有共存して生きています。

霊界人には、人界に住む人の魂の成長を指導する役割があり、人にはそれぞれ霊界人の指導担当者が複数人付いていています。

指導霊は、人の意識に溶け入り交わってコミュニケーションしていて、人の思考と行動に多大に干渉して、人の意思決定に大きく影響力を及ぼしています。

その交信の仕組みは、ラジオやスマートフォンの送受信の機能に似ていて、送信と受信の双方の周波数を合わせて同調させる仕組みになっており、人が指導霊の周波数に波長を合わせることで繋がります。

また、指導霊は各欲求に対して一体ずつ人に付いていて、人の欲求は全部で六種類あるので、最大六体の指導霊が付いています。そして、各欲求はそれぞれに周波数が異なり、自分が合わせたい各段階の欲求の指導霊に対して、周波数を変換して同調させて繋がり、交流しています。

一度に繋がるチャンネルは一回線だけであり、付いている指導霊の中の一体とだけ同調していて、複数の指導霊とは同時に繋がることはできません。

その同調している指導霊の人格に合わせて当人の人格も変化するので、同調している指導霊が別の段階の欲求の指導霊に交代すると、おのずと、他者から見て当人の性格が別人のように変化したように感じます。ですが、当人には自覚がありません。

魂の成長進化が未発達成人では、六つの欲求のうち開いていない欲求もあります。ですから、いま現在開いている欲求に合わせた数の指導霊が付いています。

- 欲求が四つしか開いていないならば、付いている指導霊は四体です。
- 欲求が五つしか開いていないならば、付いている指導霊は五体です。

そして、これら六つの欲求に対応している指導霊は低位の霊界人であり、それとは別に高位の霊界人が存在しています。

霊界人の守護霊

霊界には、低位と高位の霊界人が存在しています。低位の霊界人を指導霊といいます。高位の霊界人を守護霊、またはハイヤーセルフともいいます。

高位の霊界人は、人界での「悟りの覚醒欲求」に比する最高位の霊格の霊界人であり、霊格の最も高いグループに属する存在で、守護霊として人に付いています。

守護霊は、人に付く最大六体の指導霊をまとめながら、人が悟りへと成長進化する道に的確に導く水先案内人の役目を担っています。

人は、霊界人の関与なく自力で悟りを開くことはできず、また、他者を霊界側の承諾なしに悟りに導くことはできません。人界の人の魂の成長は、霊界が管理しているからです。

人に関与する守護霊と指導霊の関係性を例えると、野球の監督と選手の関係性に似ています。野球の監督が守護霊で、選手が指導霊です。守護霊自体は監督なので選手ではなく、あくまで指導霊全体を管理マネージメントしている存在です。指導霊は選手であり、担当である人に取り付き、人と共に人生を思考し生きていきます。

霊界人の関与

人生で起こりうるすべての現実の裏には、霊界側の関与があります。霊界側から見る人界の世界は、まるで霊界人が人を操るロールプレイングのオンラインゲームの世界さながらです。

霊界人から見た人界は、物質世界のオープンワールドのオンラインゲームであり、そのゲーム上にいる人に、指導霊の担当が付きます。人は基本的に自由奔放に行動しますが、指導霊は人に指令を送ることで操ります。

この人界でのゲームの目的は、欲求を増殖し拡大していくゲームであり、指導霊は単純に、人の欲求の拡大増殖することに人を導きます。野球に例えるなら、ホームランを打った数を積み木で積んでいくという単純なゲームです。

この成功と失敗の苦楽を味わうゲームは、人を熱中させて、その影響を受けて人は、判断力を失うほど欲求の拡大に魅了されて邁進していきます。

ですが、欲求の無限の拡大は、物理的制約のある人界では物理的限界があるので、限界値を越えたら、積んだ積み木が崩れて必ず破城します。そこで人は迷いに入り、選択肢の道が開かれます。
•このまま崩れた積み木を一から積み直す。（指導霊からの指令で、同じ欲求を求める）
•今の積み木を諦めて別の積み木を積み始める。（守護霊からの指令で、違う欲求を求める）

という選択する機会を得ることになります。

人はどちらかの道を進むかを選択して、現状の欲求か、新たに進みたい欲求かを選んでその先に進んでいきます。

指導霊の交代

指導霊は、ゲームに例えるなら、人を使って積み木のゲームをしています。

欲求の段階は六つあり、それぞれに担当の指導霊が個別に付いています。そのため、自身の現在選択している欲求の変更は、積み木を別の積み木に変えるという行為となり、別の欲求の指導霊に担当を交代するということを意味しています。

霊界側からすると、人を操作するプレイヤーが六体の霊界人である指導霊であり、その霊界人はシェアして一体の人を使用してプレイしているのです。

自分を操作する霊界人のプレイヤーを選ぶ選択権は、人にあります。ですから人も、自身の霊界人による操作を、意識はしていなくても承諾していて、許可していることになります。

ゲームを操作している指導霊が、別の欲求の指導霊に交代することは、ゲームを操作続行している当の指導霊からすると、楽しんでプレイしている積み木のゲームを取り上げられるという許しがたい行為に映ります。ですから、そのままゲームの続行を願う指導霊は、相当に抵抗して、人に同じ積み木を積むように指令を送ります。それが、モヤモヤやイライラする負の感情の発生であり、渦巻いた負の感情エネルギーが下腹部や胸部から湧き上がります。

継続的にモヤモヤが続くと、人にはそれが心身的につらいので、変化を恐れて現状維持の執着心を起こさせて、現状の欲求を求め続けたい葛藤を呼び起こします。

それが、まわりが見えなくなり、欲求に固執して執着する理由です。

人に付く指導霊が交代すると、探求して求める欲求に変更が起き、新たに別の欲求の積み木のゲームが始まります。

そのとき、操作している指導霊が交代したために指導霊側の性格も変わるので、人の性格も行動も、当人に自覚はありませんが指導霊に合わせて変化します。また、指導霊の交代に合わせて各欲求の善悪の基準も変わりますので、当人の価値観がガラッと変化します。

それが、執着心を乗り越えた後の人が別人のように変わる理由です。

霊界で設計されている現実世界のプロセス

守護霊は、人の生涯の人生の設計図を持っています。生涯の魂の大まかな成長目標が、人が地上界に生まれる以前につくられており、その計画に沿って人の人生のプロセスをその都度、修正設計し、思考に介入して人に選択させます。

守護霊は、人の欲求の成長レベルを視て、そこから複数の人生のプロセスを設計し、提供しているのです。

守護霊の目はまさに千里眼と呼べるもので、五年先、十年先の、魂の成長する結果を予測計算して、現状は何をしたらそこに至れるかを、複数の選択肢を用意し設計して提供しています。

それは、プロ棋士さながらの様相で、駒を指す一手が何十手先の複数の展開の結末を読んで指しているようでもあります。人の生涯の人生を管理している管理者が守護霊なのです。

守護霊の目的はシンプルであり、人を悟りに導くことです。それは一貫していて、ブレは一切ありません。

人は悟りを得るために、霊界から人界へ何度も生まれ変わりを繰り返して、その生涯を全うして霊界にまた戻るというルーティンを延々と繰り返しています。

人界に生を受けるときには、担当する守護霊と指導霊を決めて、契約して生まれてきます。そして、人界での一生涯の間は、守護霊はその人に離れずに付き添い、共生して、人が悟りを得られるように導き、協力して生きているのです。人は、見えない霊界人のサポートを受けて人界で生きているといえます。

守護霊が人界を管理運営できる理由は、霊界が五次元の空間世界でできており、そこには時間という概念が存在しないからです。

守護霊は人界を管理する中で、時間を好きなところから切り取ることができるのです。

悟りを得るゲーム

人は、人生の数多くの苦難の経験と困難と努力とをどれだけか積み重ねたら悟りを得ることができるのでしょうか。

答えは、NOです。

経験と努力は、時間の足し算の積み重ねといえますが、この時間の概念を超越しなければ、悟りを得ることは不可能です。悟りは、時間の輪の世界に落ちてはいないからです。悟りは、時間軸の延長線上に存在しておらず、時間の輪の概念の外に存在しています。ですから、どれだけ厳しい修行を長年積んでも、どれだけ長生きして、仮に千年の寿命を得たとしても、悟りを得ることは絶対にできないのです。

人界は、悟りを得るためのゲームの場です。このゲームは、完成されているパッケージの中のゲームであり、スタートからエンディングまで、すでに完成されて用意されている世界の中で人は遊んでいるのです。

「悟りのゲーム」の管理者である守護霊からすると、完成されているゲームのパッケージの外には時間が存在していません。時間は、創られたゲームのパッケージの内部に設定されているのであって、時間の経過を感じるのはゲーム内にいるプレイヤー側の人だけなのです。

ゲームの管理側である守護霊は、ゲームプレイヤーである人の現在位置と時間と空間をゴールから逆算した位置で、いつでもどこからでも、測って観ることができます。ですから、どれだけプレイ時間（人生の時間）が経過しても、守護霊からは、人のすべての行動

霊　界

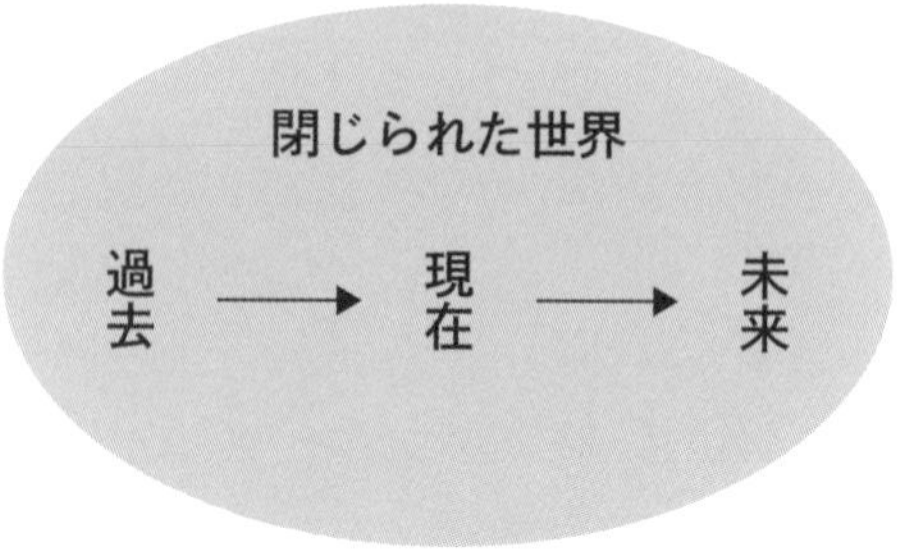

が、いつでもゴール（悟りへの覚醒）から観た今の現在地でしかありません。

守護霊は、常に未来の位置に立っていて、未来（悟りへの覚醒）から過去（現在地）に時間が流れているように感じ取れるのです。そしてゲームのゴール（悟りへの覚醒）から現在地に至る道筋であるプロセスを、現実体験として人に提供し続けているのです。

この様は、車に搭載されたナビゲーションシステムにそっくりです。ナビゲーションを使って運転すると、目的地であるゴールから延びてきている道の上をなぞって走っていきます。

人の人生は、人界で人が無から創っていくものではなく、霊界ですでに創られていた目的地へ行く道を、複数のルートの中から人が選んでなぞっていくことなのです。

アセンション

守護霊と契約を交わして融合を果たすことで、アセンションが起きます。人体にある宮の座に守護霊を鎮座させることで、霊界人と融合し、アセンションが起きるのです。アセンションが起きると、守護霊との神託の交流が始まり、審神者になることができます。

通常の人の場合、守護霊と六体の指導霊である霊界人とは、相手をこちらから任意で選ぶことができずに、フリーで繋がっている状態です。それは、電話を掛けると、登録されているアドレスの、誰に繋がるかはわからない電話機で通話しているようなものです。今現在、どの霊界人と繋がっているのかもわからないし、そもそも霊界人の存在すら知らない状態だからです。

霊界では、守護霊と六体の指導霊は、それぞれの霊格を基にした上下の序列があります。ですが、通常では、人に付いている霊界人と人は神界の神様の下で交わす契約が行なわれておらず、悟りに導く契約がきちんと交わされていないので、身体のふさわしい場所には守護霊が鎮座して付いてはいません。

ですので、守護霊、指導霊が、序列を無視して無秩序な状態になっていて、横一列にバラバラになった状態で、それぞれ人に付いています。

霊界人との間に、神界を通して交わした契約が必要です。付いている霊界人の序列に合った、人体のふさわしい場に対応している宮の座へそれぞれに鎮座してもらう必要があるのです。

それは、神社の御祭神の上社、下社に区別された、宮の鎮座に似通っています。これを行なうことでアセンションが起こり、霊界人と人とは、神託を通して相互間で自由に意思の疎通を図ることができるようになるのです。

守護霊との融合の方法

守護霊と融合するには、二つの方法があります。

①六つの欲求を自力で整えて、悟りを得て、守護霊と繋がる方法。

②神界からの承認を得て、守護霊と契約を結び、守護霊を身体の上社の宮の座に、指導霊を下社の、六つの宮の座に鎮座させる方法。

これら二つのうち、六つの欲求を自力で整えることはきわめて至難の業です。人生を、これまで通りに守護霊の助力なくして順次送り、自力で欲求のシンボルを完成させることなのですが、これはほぼ一〇〇％達成できる見込みのない、非常にハードルの高い超難関の道のりです。世界にこれだけの人達がいながら、そうやって悟りを得た人を一度も見たことがありません。また、歴史を振り返ってみても、悟りを得たと思える人物は非常に少ないように思えます。

オリンピック選手が、オリンピックの金メダルを獲得するために、コーチを一切付けずに金メダルを取りにいくのはほぼ不可能でしょう。悟りを得ることは、その数百倍も難易度が高い、きわめて至難の業だと思えます。

また、その道は、両側が絶壁である崖でありながら、暗くて足元しか見えていない、先の全く見えない細い道を延々と歩いていくような道であり、何度も足を滑らして死を覚悟しなければならないような苦難と苦痛の体験を伴います。それでも、その道の先にあるゴールが悟りを確実に得るという保証は何もないのです。

悟りを得ることは、人界で管理されている機能ではなく、神界で管理されている機能です。そのため、人が計画した道の上には存在せず、最終的には神様からの承認が必要です。ですから、二つの方法のうち、二番目の、悟りを得た人が神界と交渉して、他者の守護霊を繋げる承認の許可を得ることで守護霊と繋げることができるのです。

これがこの本を書いた目的でもあり、今の私の神事の仕事でもあります。

悟りを得ることとは、スマートフォンに例えると、新しい機能のアプリをダウンロードすることと同じです。悟りは本来、今持っているアプリのハードウェアにはない機能であり、「悟り」というシステムを、このアプリを管理している神界から新規にダウンロードして取得する必要があるのです。

アセンションと悟りの違い

守護霊を座に鎮座させて繋がると、欲求がどの段階のレベルの状態の人も、守護霊と直に神託ができるようになり、対話ができるようになります。

さらに、霊感があり、潜在的に身体的なシャーマンの能力がある人は、守護霊との交流を日々続けて神託が安定すると、守護霊と言葉で会話ができるようになる人もいたり、部屋に御宮を設置したりする御用の神事もできるようになる人もいます。

ですが、守護霊と繋がるということは、アセンションは起きるのですが、悟りを得たということではありません。

アセンションは悟りの前段階であり、守護霊と繋がっても、六つの欲求を整えて完成させることとは異なるのです。

悟りを得ることとは、六つの欲求を整えることです。どのような形で守護霊と繋がることができても、最終的に六つの欲求を整えて、六つの魂のシンボルをすべて完成させなければ、悟りは得ることはできないのです。

ですが、守護霊と繋がることで、悟りを得ることの道のりの難易度は格段に下がり、悟りへと覚醒するレベルは数段にアップします。

守護霊は、人を悟りに導くのが本来の役割ですから、直に守護霊と対話できるようになることで、今までの人生のように回り道をした上に袋小路の迷子になることはなくなり、道を見失わずに確実に悟りへと導いてくれるのです。

五次元思考の獲得

守護霊と繋がり、アセンションが起こると、人は五次元思考になります。

アセンションとは、スピリチュアルの概念で、意識が五次元に上昇することと言われていますが、霊界人と人が完全融合を果たした後、共存共栄して生きることで、霊界の次元を人の脳内で共有することができ、五次元思考に至ることができます。霊界の次元は五次元世界であり、守護霊はその住人ですから、守護霊から直接の指示を受け取り行動することは五次元の思考で生きることになるからです。

守護霊以上の高級霊の存在と交霊すると、こちらからのどのような問いかけに対しても、必ず瞬間（早くて一秒から遅くても三分以内）に答えを返してくれます。感覚的には、自身の脳に非常に高性能な生成ＡＩ、チャットＧＰＴをダウンロードした感じと捉えてもらったらわかりやすいでしょうか。

その答えの内容は、総じて「悟りを得るに至るためには」という道を踏まえた上で、自身の魂の成長した、数年後の未来の状態を想定計算して導き出された答えです。

その答えは、人智をはるかに超えた内容を多く含んでいます。なぜその結果を導き出したのかは、到底理解できないこともしばしばあります。なぜなら、人界は三次元空間世界であり、時間は過去から未来に流れているので、人界で生活している人は、過去の体験からの経験でしか学ぶ術がないからです。

五次元空間世界に住む守護霊の提案は、未来の状態を計算して導き出された答えであり、それは、三次元世界の様々な制約がある人界で住む人には想像も計算もできないものだからです。

その最たる例は、世界各地に伝わる終末予言で、それらは霊界からのインスピレーションから来たものです。

予言とは、未来に起こるであろう事象を指していて、その多くは、予言のイメージが降りた当時の、何百年先に起こりうる事象です。予言者自身も生きていない時代の事象であることから、まず想像する理由からして必要のないものです。

人界が、創られた壮大なゲームであり、パッケージされてできているものだとするなら、この文明の最初期から最終期までに起きうる重大イベントが、最初から仕組まれた形で存在しているという事実であり、予言者は、何らかの理由でこのイベントを映像で垣間見たということになるのです。

五次元の感覚

五次元の感覚は、算数で例えることができます。

三次元世界に生きている人界での人の答えの導き方は、足し算に似ているといえます。

過去の経験を順を追って足していき、それを積み重ねて自身の目標を達成する方法であり、これは、指導霊が提案して導く人生の道のりです。今歩いている道の延長線上に、ただひたすら歩いていく方法です。

人の考える人生の計画

$$1+2+3=6$$

アセンション後の人生計画

- $1+2+3=6$
- $9-2-1=6$
- $2 \times 3 = 6$
- $12 \div 2 = 6$

答えが同じでありプロセスが違う

ですが、五次元世界である霊界に住む守護霊の思考は、答えが先にあって数式が後につくられるというものです。その数式は自由であり、足し算でも、引き算でも、掛け算でも、割り算でもいいのです。答えが同じであって、帳尻が合えばそれでいいのであり、その数式であるプロセスが選択肢として人に提示されるので、自由度が非常に高いのです。

そうした理由から、守護霊からの問いに対する答えは、通常、二通り以上存在します。

その道のりは、実際に歩いてみると、突然見えないところから新しい道が現われたり、いきなり空からハイウェイが現われてそこに乗せられたりするような、予測が全くできない出来事が起こる連続です。

それが現実世界に反映されると、突然降って湧いたような現象が起こったり、すでに段取りがすべてお膳立てされて用意されている場に導かれたり、ふと頭に浮かんだ相手の電話やメールがその瞬間に届いたりすることが頻繁に起こるようになります。そして、その現象は前兆もなく突然に起きて、向こうからやってくるという特徴があります。

それは、一般的に奇跡と呼ばれるシンクロニシティやデジャブなどの体験ですが、五次元世界である霊界と繋がると、その現象は霊界の次元の法則に則った現象なので、当然の出来事であって決して奇跡と呼ぶものではないのです。

未来は守護霊が用意している

守護霊から用意された道を、ひたすら正確に歩いていくことで人生の成功が得られます。

この道を歩くことの要点は、要所と感じる地点を通過した時々に神託で伺い、神意を探ることです。それを審神で道を選択して、守護霊に確認を取りながら、一歩一歩、石橋を叩いてわたるように進むことです。そして、追々は、この守護霊が示す道の目的地を知ることが大事です。守護霊が目指す目的地を自身が知ることができなければ、いずれ、目的地に向かっている間に不安になってくるからです。

不安を放置していると、次第に守護霊の提案に納得ができなくなっていき、不信感が芽生えることとなり、守護霊との意思疎通と共存ができなくなってしまいます。

霊界は、原因と結果のみの世界であり、プロセスが存在していません。ですから、霊界で守護霊が示す未来は原因と結果がセットになっており、それが同時に現われて同時進行して進みます。

人界での人は、その人生の体験であるプロセスだけを味わっていて、実は、人界では、原因と結果は関与していません。そして、体験であるプロセスは、霊界に選択肢が複数存在して自由に人が選べるのです。

起結（原因と結果）の霊界世界

霊界は、起結（原因と結果）の世界でできています。想念が、即現実化するからです。人界は、起承転結の世界と思われがちですが、実は、この起結は、霊界が支配している世界であり、人界は、承転（体験とその反映）だけの世界です。物質世界である人界は、現実化するまでのタイムラグを味わう世界なのです。

アセンションが起こり、守護霊と共に人生を歩むと、起結と承転が分かれてはっきりし

メビウスの輪で見た時間の概念
起結承転のパッケージ

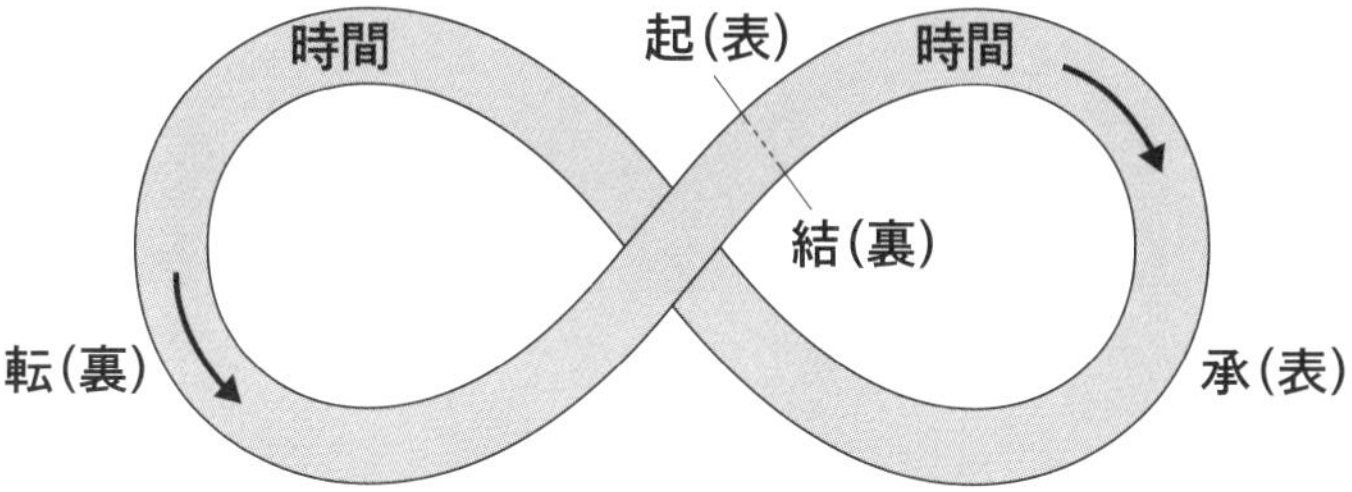

てきます。そうすると、霊界のエネルギーが日常に入り込むのが実感としてわかり、時計の進む時間が逆戻りしているかのような感覚に陥ります。

そうなると、目標のゴールが先に決まっていて、そのプロセスを後から決める、起結承転という生き方になり、通常の人の目標達成の生き方である時系列とは前後が逆転して生きることになります。

この現象が、自身に戸惑いを引き起こします。

自身の魂の成長が進んでレベルが一段上がると、自身の価値観が一段上がった思考の領域に入ります。ですが、実際の自身の思考のレベルアップした時間とは、守護霊の提案された日から行動を起こした、数年後以降に成長した時点となります。この成長した時点で初めて、守護霊の示したプロセスの意味の真の理解に至ることができます。

こうして、目標を完了した時点で思考が理解するという、後から追いつく形で成長していくので、起結が先行した生活を送ると、実際の体験に理解が追いつかない状態が長く続き、なかなか納得がいかない悶々とした日々が続く場合が多々あります。

守護霊からすると、人が目的地にゴールした時点（承転）での当人の魂の成長状態が、守護霊がプロセスを提案した日に目指していた成長レベル（起結）の状態です。ようやくここにきて、起結承転が真横に並び立てるようになるのです。守護霊は、承転に起結を紐づけて、今現在、ここに、常に未来に達成するであろう「魂の成長の状態」を先行して提示しているのです。

霊界には時間の概念（承転）がないので、原因と結果（起結）が同時に生まれ、それが、スタートと同時にゴールが存在しているという、起結のみの世界である理由なのです。

善悪の価値観の変化

守護霊の示すプロセスの道の結果の正否が、示された現時点では判断できない理由がもう一つあります。人の魂は、その構造上、魂の成長度が大きく進むと価値観や善悪の価値基準が変容して、今までの自身の環境が急に合わなくなり、大きく変化する事象が起こるからです。

例えば、お金が好きだった人（権威の依存欲求）が、一段成長して上がると、世間からの自己の認知度（承認の依存欲求）の方が満足度が上がるように、急激に意識の変換が起こります。そうすると、今までは、他者を貶めてでも自己の利益が多いことで満足できた自分にイライラしてきて、以前のようにお金の豊かさだけでは満足できなくなってしまうのです。

この現象は、自身の「成功」の基準が変化したからです。

ですから、守護霊からの提案に違和感があるプロセスが続いた場合は、自身の成長が一段上がる兆候が出ているのであり、現状の価値観の段階では理解できないことが出てくるのです。

こうした理由で、この時点での守護霊の提案は、現時点では、一見してその提案が悪行に思えて、気が進まないことも多くなってしまいます。そのとき、「この提案は悪業でもあり、そして悪業ではない」という理解が大事になってきます。一見、矛盾しているのですが、それは、欲求の成長レベルが上がると欲求依存の価値観に変化が起こり、今までの悪の基準が善に変容転化したために生じる現象だからです。

変わらない善悪の価値観

欲求の依存の階層が低いほど、他人を騙しても自分だけが得すればいいという自己愛的傾向が強くなります。

欲求の階層が上がると、他者の利を最優先していく傾向から生じる善悪の価値観の変容が起こります。

欲求の依存の構築は、階層的な六つの平衡世界（六段階の依存欲求）でつくられています。互いに異なる階層の人同士は、その善悪の価値観も交わらず、同じ欲求の依存の階層である同気同一の者同士が価値観を共有しています。そして、この六段階にわたる善悪の価値観の違いから、階層の善行は一段上がると悪行へと変化します。

例えば、低い欲求の段階の人の場合、家族を養って生活するために他者から盗みを働いたときには、この行為が低い平衡世界では善行と見なされますが、高い平衡世界では悪業と見なされるのです。

これは、平衡世界ごとに見えない秩序が存在しているためです。平衡世界（各欲求依存の段階）ごとに、見えない平衡世界内で共感し合える秩序とルールが存在するのです。

ですから、魂のレベルが上がると、以前の平衡世界での善悪の価値観が自身に合わなくなってしまって、既存の人間関係が疎遠になっていきます。そして、新しい段階の人との出会いが増えていき、その結果、交流するコミュニティの大半での入れ替えが起きるのです。

複数の人生の選択肢

守護霊の目的地への提案には、必ず二通り以上である複数の選択肢が存在します。そのプロセスの選択肢の中身は、上策・中策・下策に分かれています。

守護霊にとっての上策とは、悟りへの成長の貢献度が大きく、成長スピードが速いプロセスのことを指しています。ですが、人にとって上策の選択肢は心身にかかるストレスがかなり大きくなるため、心理的抵抗も強く、選びたくないケースが多い選択肢となります。

そこで守護霊は、上策以下のプロセスを複数用意することで選択肢の幅を広げ、自由に選択できるようにしてハードルを下げています。

上策と下策は、どちらを選んでも同じ結果になるという体験のプロセスです。ですが、そこに至る道のり、つまり時間的ロスとハードルが違っています。守護霊が、悟りへと導くための通過地点として人生に困難な小山をたくさん用意しているからです。

それが、小さな目的地です。

そこへの道のりは、登山に例えるなら、山頂に登るための三つの登山者ルートが存在します。

- 初心者のルート　緩やかですが、距離が長くて単調です。
- 中級者のルート　急な道もありますが、距離も短くて刺激もあります。
- 上級者のルート　とても険しい崖のような道であり、とても危険を伴いますが、最短距離の道でありスリル満点です。

守護霊は、付いている人の感情に交わることができるので、当人の性格や気持ちをすべて熟慮していて、その人の気質に合わせて上策・中策・下策の選択肢を幅広く提案してくれます。

単位取得の試験

各欲求のシンボルの完成に至るには、依存欲求の単位取得である最終試験を乗り越える必要があります。

魂の成長がある程度進むと、やたらと不運な現象が度重なるという時期に遭遇します。それは、選択している欲求の完成が間近になり、単位習得が近づいたために、最終段階として自身への厳しい試験が訪れるためです。そして、不運な連続の重なりの現象は、偶然ではなく、そのときに起こる仕組まれた現象なのです。

この時期での守護霊が神託で指し示すプロセスの進路は、どの道の選択肢も厳しくてつらい道のりに思えます。険しい道ばかりを示すこととしかなくなり、とても気が進まない八方塞がりの状態に陥ります。

これは、魂のシンボルの完成までには周期の波が存在しているのですが、それが月の満ち欠けのリズムとリンクしていることが深く関係しています。

新月（小成）が満ちていき、満月（大成）を経て欠けていき、新月（小成）へと移行していくことが一サイクルの周期となっていますが、欲求のシンボルの完成間近では、小成となって退縮していく関係で最も不運となるために起きる現象です。

四季で例えれば、春から夏にかけて大成を迎え、秋から冬に至り小成を迎える、という宇宙の普遍なる秩序に同期しているのです。

試練の時期に差し掛かると、まるで厄年のように感じるような、身の回りの環境の状況も総じて悪いので、心にも余裕がなくなり、視野も狭くなりがちです。

それでも、提案されて選択したプロセスの道を勇気を持って突き進んでみると、無事にその状況からジャンプして乗り越えられるような道が突然に現われ、その道に乗り換えることで生き方が変わることになります。

これは、単位習得が完了した啓示であり、この経緯を経てシンボルの完成を得る結果に至ります。そうして、魂の成長の段階が上がると、過去のトラウマの体験がすべて腑に落ちる感覚に包まれ、初めて自身の乗り越えた試練の必要性を理解できるという流れに至るのです。

人生のオセロゲーム

欲求の単位取得である最終段階の試練は、七難八苦の苦難を経て習得する流れになっています。ここで困難から逃げ回っていてはいつまで経っても単位を取得することができないため、目の前に立ちはだかる険しい現実の壁を回避することは避けられません。

この非常に困難な時期には、気持ちが弱くなり、魔が差しやすくなります。充分に気をつけて欲しいのは、「守護霊が悪霊だから不幸な現実を引き寄せているのだ」ということでは決してない、そのことを知っておかなければなりません。ここでその迷いに入ってしまうと、精神が狂ってしまうか、神託を辞めてしまうという結果になりかねないのです。この苦しくて険しい道のりは、まるでオセロゲームを現実化したかのような体験となるでしょう。

成功（白い石を敷いていく）から始まり、しばらく幸せな順風満帆なる人生が続きます（新月から満月への大成の道）。

ある地点から、運気が停滞して物事がうまく回らなくなり、それが続きます（満月を経て新月への小成）。

何をしても裏目に出るような結果となり、しばらく先の見えない不幸（黒い石を敷いていく）を感じる現実が続きます。

とても苦しい時期が続いた後に、突然、吉報なる道が舞い降りてきます（再び白い石を置く）。

そうすると、オセロゲームのように、歩んできた道である後ろの黒い石（苦しいトラウマの体験）はすべてひっくり返って、指し置いたすべての石が白い石（劣等感の克服）に変化します。

そのときに初めて、苦しみを抱えて生きてきた、幼少期からの解決されていない過去のトラウマ体験がすべて解消されます。

自身の抱えた劣等感に光が当たり、人生全般にわたって癒されることになるという、衝撃的な体験が訪れるのです。

ですから、あえて苦しい闇夜を進むばかりの苦難の道が示される時期が必ずやってきますが、守護霊を全身全霊で信頼して、最後まで諦めないで先を進むことが求められるのです。

トラウマに向き合う勇気

自身が幼少期から抱えたトラウマからは、誰も決して逃げることはできず、問題を先延ばしして手つかずのままに過ごしても、何度も同じ問題を繰り返してつまずくことになります。

こうして逃げ回ることとは、ただ単に課題を未来や次の転生後に持ち越すだけの選択にしかなりません。

私も、もちろん、この試練の体験を味わい、克服してきました。

私の場合は、神様から御霊分けされて以来完成してない欲求が五つあり、これらのシンボルを個別に完成させるため、自身のトラウマが呼び寄せた苦しい現実体験を五度、目の当たりにすることになりました。まさに、地獄を歩いて渡るような七難八苦の壮絶な体験を経て、五つの未完成であった欲求をすべて完成させ、ようやく悟りを得るに至ったのです。

こうして、六つの欲求をすべて完成させることができ、魂のシンボルも全段階で完成させることになりました。試練を克服したときには、この壮大なる魂の仕組みに感動して、改めて神の偉大さを知りました。起きうる確証が全くない神託を信じて、神の言葉を最後まで信じて試練を克服した、旧約聖書のノア（大洪水の前に、神の進言で方舟をつくって生き延びた聖者）の気持ちがわかるような瞬間でもありました。

あえて、火中の栗を拾うために闇夜の道を選んで、もがき進むという人生の困難な時期は、神や守護霊の存在を一切疑わず信じて進まないと辿り着けない、強い信仰心とその信念が試される時なのです。

霊界人の成長の機会

霊界人は、霊界人同士の交流からは魂の成長を得ることができず、人界の人との関わりを持つことでのみ魂の成長を得ることができます。霊界人の担当である人の魂が成長することで、相互的に霊界人の魂も成長が図れるのです。

それが、霊界人が全身全霊をかけて、人を守護する理由です。
霊界人は、霊界人自身で自らの魂の成長をさせることができないというジレンマを抱えているのです。その意味では、霊界人は、人界の人の魂の成長に自身の魂の成長を依存しているといえます。

その構造的な理由から、各々の欲求の担当である霊界人が指導霊として人に取り付き、人を他の指導霊から独占したくて、その担当である人の人格を奪い合います。本来なら指導霊をまとめる立場の主座なる守護霊に、その主座をなかなか譲らない傾向にあるのです。

主座の座に居座る指導霊は、自身が主座に居座るために、人に誘惑的な妄想を抱かせ続けて欲求の拡大を勤めさせます。

このように、霊界に住む霊界人にも、人と同じように魂の成長とレベルの段階が存在しており、各々の欲求の完成を目指して生きています。そして霊界人にも、人界の【悟り】に比類する目的があります。

霊界人は、霊界での魂の欲求を完成させた後には霊界を卒業することとなり、より上の段階である神への仲間入りを果たして、新たに神界へと生まれて住むことになります。

霊界人の個々の霊には、格が存在します。低級の霊界人が主座に付いているときには、支配関係の執着心が強いぶん、執着させるエネルギーも強く感じます。ですが、低級の霊界人には魂全体を進化させる力はなく、人を悟りへと導く力はありません。

ですから、自分の最高位の高級霊である守護霊に自身の主座にしっかりと腰を落ち着かせて鎮座していただき、悟りへと続く道のりの水先案内人になってもらう必要があるのです。

悟りとはバランスの獲得を得ること

悟りとは、人が持つ六つの欲求依存のシンボルを各自に成長させて、すべて完成させることです。それは、各欲求の正負のバランスを六つともすべて獲得することで、六つの欲求依存が完成を迎え、結果、人は悟りへの覚醒を得ることとなります。

人の性格が多種多様なのは、段階ごとの欲求依存の特徴が積み重なり、性格や個性として表面に出ているからです。

性格の構成は、六つの欲求依存のタイプの組み合わせで構築されています。一層ごとの欲求それぞれに、＋、－、±、の三種のパターンが存在していて、この組み合わせの数が六つの層で重なり合うため、人には膨大な数の性格パターンが形成されています。六つの欲求全部が開花していない人は、六つ以下のシンボルの組み合わせで性格が形成されています。

例えばAさんは、

［生存の依存欲求］＋

［愛着の依存欲求］＋

［権威の依存欲求］±

［承認の依存欲求］＋

［集団帰属の依存欲求］－

という性質の持ち主であり、総合的には、正（＋）の性格で、外向型の特徴が強く表出されています。

性格の特徴の例としては、

- 舎弟的な上下関係の縦社会を好み、ヘビースモーカーである。［生存の依存欲求］＋
- 寂しがり屋であり、麻雀が好きで麻雀の友人とよくつるんでいる。［愛着の依存欲求］＋
- 管理職でありながらも偉ぶらず親しみやすい。［権威の依存欲求］±
- サイクリングが趣味で、競技大会に入賞を目指して参加している。［承認の依存欲求］＋
- 地域のボランティア活動に従事していて、憧れの模範の先輩にいつもべったりしている。

［集団帰属の依存欲求］－

例えばBさんは、

［生存の依存欲求］　－

［愛着の依存欲求］　－

［権威の依存欲求］　±

［承認の依存欲求］　＋

という性質の持ち主であり、総合的には（－）の性格で、内向型の特徴が強く表出されています。

性格の特徴の例としては、

●毎日のようにお酒を飲みすぎて、体調を崩し疲れている。
［生存の依存欲求］　－

●毎日暇があればパチンコに行くが、勝てるわけではなくストレスを抱えている。［愛着の依存欲求］　－

●自分で商売をして、そこそこの暮らしができている。［権威の依存欲求］　±

●カメラでの撮影が趣味で、カメラサークルの仲間とよく写真を撮りに遠出する。［承認の依存欲求］　＋

それぞれの欲求の特性から、消極的（－）に感じる人が、ある分野に対して異常に積極的（＋）な面を持つという性質が見受けられる場面が出てくるのです。

人の性格の特徴は、欲求の全領域を観て判断すると、外交的、内向的な箇所に細かく分かれて表出されているので、単純に、陽気な人、陰気な人とは判別はできないものなのです。

人界の卒業

人の性格は、各欲求の特徴がそれぞれに組み合わさり、積み重なってできています。そのため、魂のレベルが低い人ほどシンボルの積み重なりの数が少ないために、単純な性格をしています。

シンボルの数が少ないと、一つひとつのエネルギーの総量が高いために、他者からは、平均値よりも執着心が強く、陰湿な人に映ります。

魂のレベルが高い人ほど、シンボルの組み合わせの数が多くなり、多面的な性格を持ち、各欲求の持つエネルギーの総量が低くなるため、他者からは、平均値よりも執着心が弱く、さっぱりとした人に映ります。

そして、各欲求のすべてのシンボルの十一を完成させると、人界の学びの目的が達成されて新たな階層の学びへと移行することとなり、人界の物質世界であるこの世の学びが終了します。

悟りを得た人が臨終を迎えて霊界に戻ると、守護霊以上の霊格のグループに入ることになります。それによって、次のステージでの新たな霊界でのシンボルが追加されて形成されますが、悟りを得ると、次回からの人界での生まれ変わりはなくなります。人界でのシンボルはすでに取得済みなので、人界で生まれ変わる必要がなくなるためです。ですから、人界の学びは悟りを得た時点で卒業を迎えます。

悟りを得た後は、心理的にも渇望感が失せて、今後、この人界の世界に生まれ変わりたいという欲求も執着心も残らなくなります。

素直さと謙虚さを持って生きる

守護霊と共に生きるなかで、一番大切なことがあります。素直で謙虚な気持ちを持って、他者と霊界人に向き合い、守護霊に素直に従って生きるという姿勢です。

守護霊が身体内に内在するという感覚は、自分の身体内に神社を建てるといった感覚が一番近いと思います。守護霊は、神社でいえば祭神であり、指導霊は、お宮の境内に鎮座されている神であり、それぞれが専門分野のお役目の仕事を受け持っています。そして人は、自分の神社と化した身体を物質世界で管理運営する神主という立場です。

神や守護霊と一体化すると、自分自身が神になってしまったという勘違いが生じやすく、驕りができて慢心してしまうものです。ですが、決して神と人は完全に同化することはなく、神や守護霊は一体化しながらも完全なる他者であるのです。

守護霊、そして悟りを得た後に代替する守護神霊は、同化して同化せずの、身体を媒体に共にシェアして生きていくパートナーなのです。

悟った後は超普通の人

私は以前、人は悟りを得るとイエス・キリストのような奇跡の力を発揮できる聖人君主になれるのだとずっと思っていました。

私は、ついに念願だった悟りを得ることができましたが、その後も特段、普通の人と何ら変わりませんし、神々しく人間離れした存在になったわけでもありません。悟りを得た後にわかったことですが、そもそも悟りとは、偏りなく魂のバランスを整えることであり、精神の整体みたいなものだからです。そういう意味では、超人的に精神が安定している普通の人かもしれません。

物理的法則から観ても、この地球上で超人になるということはとんでもなく生きにくいことになると思います。神々しく人間離れした状態というのは、地球の環境に例えるなら極地に住むのと同じことであり、非常に劣悪な環境に身を置く状態を意味するからです。

地球上の極地は、北極か南極を指します。そこに暮らして生活することは、極めて生きづらいのです。

悟りの状態とは、精神が常に安定して快適であることであり、心身ともにとても住みやすい環境で生きることを目指しています。地球上ならば、普遍的に温暖で快適な地である大陸に住むことなのです。

悟りの状態とは、今ここに起きた状況の判断を自分自身で判断せずに、神意に寄り添って守護霊にすべて任せて生きることです。自身は、それを忠実に実行に移して体験だけしている生活です。インターネット上の世界観で例えるなら、守護霊がビッグデータの親機であり、自身は端末機器です。

端末機に、すべての機能を持たせて生きることには限界があります。世界のすべての情報であるビッグデータ解析を基にして、必要な情報を端末機が引き出して生きるほうがはるかに効率がいい生き方なのだと思います。

信仰心と礼拝生活

守護霊は、常に人の生涯である死から逆算して今を判断し、指示しています。悟りへと向かう魂の成長が、人が人界で生きる真の目的ですから、守護霊は、常に自身の魂の成長を最短ルートで生きるように導いてくれます。

霊界は起結の世界であり、人界は承転の世界です。守護霊と融合して共存した状態で人と守護霊が共に生きることは、未来から現在に時間が逆に流れて生きることになります。

人がすべきことは、その神意を深く理解しながら自我の欲求の暴走を抑えて、太陽の周りを地球が公転するように、その宇宙の律に沿った大きな川の流れに逆らわず、霊界人に合わせて生きることです。それは、厚い信仰心を抱いて礼拝生活を送り、守護霊の判断を一切疑わずにどこまでも信じてただ生きることです。

船の先頭が守護霊であり、自身はその舵取りをして人生の川を下るのが、悟りを得た人の生き方になります。そして、その先には、生命の元で親なる大海、神との出会いが待ち受けているのです。

私の人生の章

不幸な生い立ち

私は、これまでの人生で、これといった幸せをあまり感じることなく生きてきました。両親は、個人経営の自営業を営み、夫婦二人での鉄工所を開いて共働きをしていて、家にはいつも不在でした。

その両親は、仕事が終わると、ほぼ毎日、帰宅しないでパチンコ店に出向いていていました。そのため、帰宅は早くても夜の九時頃、遅いときは一一時を回っていました。両親が家に帰宅してから母が夕飯をつくるので、私と姉は年中お腹が空いていて、いつもひもじい思いをしながら両親の帰宅を待っていました。

休日もまた、父親はパチンコ、競艇、麻雀に出かけていました。ですから、両親とどこかへ出かけたり旅行に行ったりしたという楽しい記憶はほとんどなく、家族旅行の思い出は二回ほどしかありません。

外食に出かけることもほとんどなく、唯一の外食といえば、パチンコ帰りによく両親が立ち寄る小さな焼肉店だけでした。

そして、私が大人になると、親が自営する工場を手伝うように強制され、高校を卒業するとすぐにその工場で働きました。

私は、鉄工業の仕事に全く興味は持てませんでしたし、どちらかというと不得意分野です。

自分は他者のお役に立てることが性格的に合っていると思っており、看護師の仕事に興味を持って看護大学への進学を望んでいたのですが、両親、特に父は、工業大学の進学しか認めてくれませんでした。

父は、自分の家業を継いで欲しいことしか考えが及ばず、私は、周りの人の幸せを優先してしまう性格が禍いして、自分のことを自分で決めることができず、他の就職の選択肢はなかったのでした。

周りの大人からも、親孝行をするのが長男の義務であると強く諭され、両親の家業を支えない選択は善行にも反することのように言われて、罪悪感に駆られ、半ば騙されたかたちで働くことになりました。

私が工場で働くことになっても、両親のギャンブルは毎日のように続いていて、両親は、会社のお金をギャンブルにほとんど使い込み、会社の借金は増えていきました。

会社の借金は家の借金でもあるため、その返済の責任感に悩まされることとなり、家業を辞めることができない状態で過ごしていました。

今では、親が抱えた一億円もの負債のある工場を引継ぎ、家では両親の介護をして、現在まで結婚もできず、自分の人生をすべて両親を支えるために犠牲にして生きてきてしまいました。

今では、そのことをとても後悔しています。

三つの災害

工場の経営は、常に自転車操業であり、経営は火の車で厳しい状況の中、追い打ちをかける三つの災害が起こります。

一つ目は、二〇一九年に発生し、世界を席巻した感染病のコロナパンデミック。

二つ目は、二〇二三年七月一二日に、居住する近辺で線状降水帯が発生して、集中豪雨の大雨による水害に見舞われて近辺が冠水し、工場も六〇センチの浸水による被害を被り、復旧に三カ月を要したこと。

三つ目は、二〇二四年一月一日の能登大震災により被災して、工場設備の修復に一か月を要したこと。

この三つの大きな災害によって、一生返済することができないであろう、新たな大きな借金を背負うことにもなりました。

会社廃業の告知

さらに、この家業である会社の状況に、神様からもダメ押しの神託がありました。

原文
ともしや

解釈
ともしや　止喪死屋　鉄工屋は死んで止める喪中

意味
「二〇二四年一月一日の能登大震災の被災の影響で、家業である鉄工所の商売は、とどめを刺されて廃業が決まる。工場の家屋はもう死んでいて、今は喪中の期間である」

との神託を受けました。

喪の期間を尋ねると、工場を完全に廃業するまで三年間とのことであり、二〇二七年となります。この三年の間に工場を整理して廃業し、神事を務める神官の仕事へと完全移行せよ、との神託でした。

今は、今日一日を生き伸びるために、必死になって、身を粉にして毎日夜遅くまで働いており、この神託による神様からの廃業の通告は、大きな喜びと不安が同時に交錯して、かなり大きなショックを受けました。

ですが、二〇二三年六月九日に神託があり、弥勒の法を広げていくための準備を進めていくようにと、神様から事前に告げられていました。

ですから、立ち直りも早くできて、前向きに、弥勒の世のための神事をするお役目のお仕事の準備を進めています。

神様への信仰

私は、生まれつき霊感が強いわけではありません。ですから、幼少の時から霊感があって、幼い頃から神様との神託をしていたわけではありません。

人より繊細ではあり、感性は鋭いほうだとは思いますが、子供時代からも成人になってからも、霊的なことは全く感じたこともなく、むしろ、霊感などは全くありませんでした。

ただ、なぜか、幼少の時から神様という存在は強く信じていて、いつも神様とお話しできたらいいな、出会えたらいいなとはいつも思っていました。

子供の頃は、神棚と仏壇の違いもわからずに、当時欲しいおもちゃがあると仏壇に手を合わせて「神様、一生のお願いです！」と、おもちゃを手に入れることができるようにお祈りして、まるで、サンタクロースの代わりに神様にお願いをしている子供でした。

また、高校生の時に友達の家で読んだ手塚治虫の漫画の「ブッダ」がとても面白く、そこから悟りに興味が湧き、「悟れたらいいな」という思いは漠然と持っていました。

それは当時、私の欲求の段階が六つ目の欲求である「悟りの覚醒欲求」の段階であったからだと考えられます。

毒親である両親

私の両親の魂の段階ですが、その性格の特徴から、母は「権威の欲求」の段階、父は「生存の依存欲求」の段階の人と思われます。

両者とも「生存の依存欲求」と「愛着の依存欲求」の領域が未完成であり、すべての欲求の成長度合いが低くて、精神のバランスがとても悪く不安定です。両者とも揃って強度のタバコの喫煙者で、物質依存度が強く、またギャンブル依存でもあります。「愛着の依存欲求」の特徴である、見捨てられる不安からくる肉親への愛着の依存度が強いので、両者は、お互いの存在がなくては生活ができない、共依存関係にあります。

両者とも、感情の起伏がとても激しく情緒不安定ですが、父の不安定さは特に際立っており、異常とも言えるほどに切れやすく怒りっぽい性格で、パワーハラスメントです。精神科で診察すれば、必ずやパーソナリティ障害者と診断されるであろう父は、怒りのスイッチが突然に入るので、感情が全く読めず、突如大声で怒鳴り散らします。そしていったん怒り出すと一方的に三時間以上は怒鳴り散らして、この間、人の話には一切耳を貸しません。

話のおおよそは、内容が二転三転して、真逆のことを言っていて筋が通っておらず、そこを指摘して反論したら、さらに威圧的な態度で大きな声を張り上げて怒鳴り散らし、強引に力で高圧的に場を収めようとする、非常に扱いの厄介な人です。いわゆる毒親です。

そういう家庭環境で育ったことから、私は両親とも嫌いなのですが、両親は、私が小さい頃から、自分たちの老後の面倒を看て欲しいという自身の保護の依存の期待を大きく抱いていました。

私は、両親の期待に対する罪悪感を抱かされて、その期待に応えるために両親の世話をする義務を感じて今まで生きてしまいました。そして、両親から、自己の幸せを求めることを諦めるようにと犠牲的に抑圧されて育てられ、常に自我を抑えつけられながら成長しました。

両親の関心事は、自分たちの人生の安泰ですが、両者とも、精神面と経済面で自立できていないので、それは、他者を犠牲にして成り立つ依存的なものです。

さらに、一生の面倒を無条件で看て欲しい、という被扶養者の立場にありながら、常に威圧的にマウントを取ってきます。家族間で、権威的で非常に傲慢に振る舞う立場でいたいという、自分の権威欲をも満たしたいのです。

そのため、私は生来の優しさにつけ込まれて、両親の支配を受けてしまい、その欲求を満たすために、長い期間、人生の時間を搾取され続け利用されてしまいました。

両親のことは今でも好きになれませんし、全く恨んでいないといえば嘘になりますが、このエピソードは、だから「毒親である両親を恨んでいる」というエピソードではありません。これは、どちらが悪いという善悪の問題ではなく、この依存段階の人にとっては、善行の行為であり常識なのです。

ですが、当時の私にとっては、とても苦痛極まる不幸の日々の期間でした。

人生の転機

二二歳の時、後に神事をすることに繋がる転機が訪れました。友人の紹介で知り合って友達になった、りえさんという女性との出会いです。

りえさんは、スピリチュアルに非常に関心が強い人でした。私は、そのスピリチュアルに関して、りえさんからとても大きな影響を受けました。

りえさんとはとても縁が深く、今でも親交があり、三〇年来の付き合いのある友人です。

りえさんは、依存欲求の段階が「悟りの覚醒欲求」の人です。出会った当時は、自分も同じく「悟りの覚醒欲求」の段階であり、欲求が同段階の同気同一であるので、初見のときから幼馴染のような感覚を覚えて、すぐに打ち解けて仲良くなることができました。友達になってからは頻繁に会い、会った日はスピリチュアル談議に花を咲かせて、深夜まで語り合い、いつまで経っても話が尽きずに盛り上がったものです。

私は、りえさんと出会って以来、スピリチュアルに強く興味を持つこととなり、様々なスピリチュアルイベントや会合に一緒に出かけることが多くなりました。

りえさんの前では、なぜか不思議と飾らない自分でいることができました。その当時のりえさんは、まるで空気のような存在だなと感じる人だったです。

スピリチャルの感性同士の共感

そしてその感覚は、やがてスピリチュアルな感覚を持った人である「悟りの覚醒欲求」の段階の人達のほとんどに共通する感覚だとわかることになります。

スピリチュアルに興味を持っている人も、まだスピリチュアルに興味がなく、その後、何年かの時が過ぎてから興味を持つ人も、欲求の段階は同段階の同気同一なのであり、感性が非常に近いのです。そして、決まって、同段階の依存欲求を持つ人には、空気のような間柄の感覚を抱くのです。

ところが不思議なことに気づきます。私にとって「悟りの覚醒欲求」の段階である人は、ほとんどの方が居心地のいい人ではありますが、私が異性として魅力を感じる人はほとんどいなかったのです。

当時、私が異性として魅力的に感じる人は、決まって男女問わず「生存の依存欲求」「愛着の依存欲求」「権威の依存欲求」の段階の人だったのです。

そして、この段階の欲求は、当時、私が両親との間に抱えた確執である、私の未完成でかつ未解決の問題を抱えた領域だったのです。

私には、まだまだこの領域の学びと体験が必要だったのです。

スピリチュアルへの興味と日常生活の葛藤

りえさんとの出会いから、私の人生は新しい扉を開くことになります。りえさんの影響を強く受け、スピリチュアルに興味を持つ人の特徴である「奇跡的な現象を起こす人」「特別の癒しの才能を持つ人」になりたいという思いが強く湧き出てきたのです。

そこから、スピリチュアル特性の高い才能のある人達を先生と慕い、様々なスピリチュアルの講習やスピリチャルに興味を持つ人の集まりに参加しながら「悟りの覚醒欲求」である段階の人達とのコミュニティを楽しんでいきました。

同時に、「悟りの覚醒欲求」以外の、他の段階の依存欲求の人達とのコミュニティは精神的につらく感じるようになってきてしまい、なるべく避けて過ごすようになりました。

スピリチュアルの感性を持つ「悟りの覚醒欲求」の人達は、全体の人口の割合でみると人口密度がとても低く、少数派の人達です。ですから、実生活的には楽しく思えるコミュニティはごく限られ、残りの大多数のコミュニティは苦手で苦痛に近いものであり、結果、社会にはあまり適合できず、日常生活がとても生きづらくてつらいものでした。

しかし、スピリチュアル中心の生活の日常にも転機が訪れる時が来ます。

事代主神との出会い

二つ目の転機は、神様との出会いです。

二〇一二年一一月一二日、出雲大社に参拝した折、事代主神からの御霊分けをされたのが神様との出会いとなるきっかけでした。

一一月は旧暦の神無月の月であり、このとき、出雲大社だけは真逆の神在月となります。

神在月は、日本全国の神々が出雲大社に出向き、神々による集会の大会議が行なわれると言われている期間です。

また、この年は奇しくも出雲大社の六〇年に一度の式年遷宮の年でもあり、これが人生の転換期の予兆を示すものでもありました。

私がこの神在月の期間中に出雲大社に参拝した折には、神様が総出で私の参拝をお迎えされていました。

神事で神託するときには、神様の雰囲気やエネルギーを肌で感じることができます。事代主の神様は、厳しくて冗談の全く通じない生真面目な性格な神様で、融通の利かない、お堅い検察官の刑事のような雰囲気です。威厳が相当に高く感じられて、このとき、笑顔でお迎えされて歓迎されている感覚は皆無であり、これから起こる波乱のミッションを成し遂げる神事を強制的に押し付けられた感覚でした。

出雲大社での参拝

出雲大社に参拝に行くことになったきっかけは、友人に、出雲大社参拝のバスツアーに誘われたからで、あまり深く考えることなく、軽い気持ちで参加しました。

当時、週末になると必ず通っていたお気に入りのお店がありました。天然石のパワーストーンを取り扱うお店で、ここに来店されるお客様方はスピリチュアルに興味がある方が多くて、店員さんやお客様方が私にとって居心地がいい人が多く、時間を忘れて何時間も居座ってしまう空間のお店であり、私はそこの常連でした。

このお店の店長は、私より二つ年上のとても綺麗な女性で、当時、私はこの方に好意を抱いていました。

この方の知り合いから、出雲大社参拝のバスツアーがあるから一緒に行かないか、とお誘いを受けたので、即決で行くことを伝えました。ですが、特に当日まで、目的の出雲大社へのバスツアーを楽しみに待っていたわけではなく、ただ好きな人と旅行に行きたい気持ちだけが強かったのです。

バスツアー当日になり、不思議なことが幾つか重なります。

一つ目は、お誘いしてくれた女性が、突如、用事ができて来られなくなったことです。それで、当日のバスツアーは、全く知り合いのいない中での参加となりました。

二つ目は、参加者の中に、氏子という苗字の方がいらして、このバスツアーに、何か神様のご縁を感じたことです。

三つ目は、当日は大雨の天候でのバスツアーだったのですが、参拝直前に大雨がピタリと止み、参拝直後にまた大雨が降るという不思議な現象が起きたことです。

バスツアーは、深夜の午前三時に金沢出発となりました。

この日は、滝のような大雨の悪天候となり、とても旅行日和とは言い難い、あまり気乗りのしない旅行でした。前方が全く見えないほどの大雨の中、バスは進みましたが、いざ神社に着くと、不思議なほどに雨がピタリと止んだのです。

「これはなにかある!」という直感があり、鳥肌が立ち、「この参拝は、私が神様に呼ばれたに違いない!」と感じて、身を引き締めて大鳥居をくぐりました。

本殿を参拝したのが、一二時から一三時くらいだったと思います。境内の中にいたのは三時間くらいでしょうか。

参拝が終わり、大鳥居をくぐって神社の敷地を出た瞬間には、驚くことに、前方の視界を遮るほどの滝のような大雨がまた降ったのです。

神様との交流

参拝が終わり、夕食を済ましてホテルに着きベッドで横になると、なんだか胸のあたりに違和感を感じます。胸の中心に、丸くずっしり重いものが入っていて、目を閉じると、なにやらぼんやりと光っている感じもします。

翌日になり、バスツアーに参加した女性からも、

「なんかレベルが上がった感じだね」

と、声もかけられました。

後日に、弘法大師の空海様が「室戸岬の御厨人窟で修行をしているときに、口から明星が飛び込んで来て悟りを得た」との記述も見つけて、「これは神様の分け御霊を受けたのだ」と確信に至りました。

分け御霊とは、本社の祭神の分霊を他の神社に移すことをいい、神霊は無限に分けることができ、分霊も本社の神霊と同じ働きをするとされます。

こうして私は、生ける神社となったのでした。

分け御霊を受け、神様と繋がってからは、事代主神との会話が始まりました。

神託が降りてきて、その意味を解き明かしていくという地道な作業を、繰り返し毎日行なうのです。

まず、最初に神託で降りてきたのが「魂のシンボル」という、雪の結晶に似たシンボルのビジョンでした。

魂のシンボルは、人間の心と精神を司る中核を成していて、この人界の基本で最も核なるものと教えられました。（現在、このシンボルの画像は、神界の承認が下りずに非公開と

されていますので、お伝えすることはできません。時がくれば、公開できる日が来るかもしれません。）

このシンボルの重要性は、この時点では、まるで理解できていませんでした。なぜなら、このシンボルが活用されるのは弥勒の世になってからなのです。

ただ、シンボルの構造を教えていただき、人間には魂の段階があるということを知り、このシンボルの解読と研究を独自に進めてきました。

その解読が本書の中核となっています。

神社巡りの苦行

この時期から始まったのは、神社を浄化して回るという、神社巡りをする神事です。週末になると、神託によって選び出された神社を何件も訪問して巡るのです。

これは、精神的にも肉体的にも、とてもきつくて苦しい神事となりました。

休日には、一日に平均一二件ほどの神社訪問を指示されます。

平日にも、仕事の合間に神託が突然降りて来て、急遽、神社に寄らされることが頻繁にありました。

休日になると、一日のスケジュールはすでに決まっていて、決まって朝の三時頃に強烈な耳鳴りで叩き起こされてから一日が始まります。

それから神託の審神をして、私の居住地である石川県内の神社リストから、当日に行く神社を一二件ほど審神で選び出します。

この選び出された神社には、行く順番も決まっていて、金沢から小松までおよそ三〇キロの距離を一日中行ったり来たりして、何度も往復させられます。ほとんど休憩なしで回って、神社巡りを終えるのが深夜の一時頃になります。

「その当日中に、必ず神社巡りを終えなければならない」

という神様からの厳命があり、緊張感が毎日続いて、気の抜く暇がない神事の日々でした。

もし、休憩を多く取ってしまうと時間が足りなくなってしまい、当日に回らなければいけない全部の神社をその日中に回り切ることはできなくなります。

毎日続く神事による疲労と寝不足が重なり、とても疲れ果てているのですが、ほとんど休憩することはありませんでした。

神事中は、時間に余裕がないためにコンビニでトイレと食事を終わらせ、車で仮眠を少し取りながらの休息をとるという、厳しい苦行の神事です。

この神社巡りの期間は、およそ二年間続きました。

ですが、この苦行の神事をやっている間は、「この苦行は一生続くものなんだ」という思いで、無我夢中でやっていましたし、自分の人生は神社巡りの神事ですべて費やされて、もう人生は詰んだも同然だという思いを巡らせて、幸せになる人生を諦めて過ごしていました。

ここからは、その神事の苦行での数々のエピソードをご紹介します。

事代主神との関係性

神様と繋がって交流が始まる以前は、私は神様に、イエス・キリストや聖母マリアのイメージを重ね合わせていました。そして、神様とは「とても慈悲深くて心優しい存在に違いない」と想像していたのです。

もし、神様と繋がれば、なんでも願いが叶い、好き勝手に自由奔放に生きていくことが許されるとも思っていました。

ですが、実際の神様は私の想像とはかけ離れていました。

神様は、とても威厳があり、険しく厳しくて、私との関係性は、絶対服従の上下関係の間柄でした。その様は、厳しい自然のように、夏は耐えられない暑さだし、冬は凍える寒さだし、時おり、台風や嵐がやって来てはすべてを破壊し尽くす感じです。

どんな無茶な要求をされても、それに絶対に従わなければならないという、至極不自由で理不尽なる関係性です。

例えば、もし神様から「今すぐここで死ね」と要求されれば、死ななければならないほどの厳しく絶対服従の関係性なのです。生半可な気持ちでは神事を執り行なう神官にはなれず、神事に命を賭けて尽くさなければ、神様と繋がり、その神事を任されて行なうことはできないのです。

神事に従事してからは、神社へ行くか、神託を受けて解読するかの、神事の業務だけで一日が終わるという日々の連続の生活であり、私的時間は全くなくなりました。

こうして、毎日、肉体的にも精神的にも、限界ギリギリの状態で過ごしていたのでした。

命懸けの神事

私は、神様と繋がり始めたこの当時、神事を毎日行ない、その神事である神社巡りも続けていて、疲労がついに極限まで溜まり、疲れ果てていました。

そして、ある日の神事での神社巡りの時に、少しだけ休息を取りたいと思い、近くの本屋に寄りました。

神様との神託は、第三の目とも言われている眉間の松果体付近の神経を使って行ないます。ここの神経は、普段の日常生活では使うことが全くない神経回路であり、この神経を使って神託をしている間はとても疲れるのです。

休息するにあたり、神様にこの神託の回線を、三〇分くらいの少しの時間だけでいいので遮断したいと申し出たところ、その提案は拒否されてしまいました。ですが、あまりの疲労に耐えかね、その時初めて神様との約束を破ってしまいました。私は、松果体の神託の回線を切り、本屋で三〇分ほど休息をしたのです。

休息をしてリフレッシュできたので、車に戻って神事を再開し、神社巡りを始めようとすると、なぜか、私の車の前に誰かの車が止まり、その車がゆっくりバックしてきて「コツン」と少しだけぶつかりました。

私はとっさに「これは神様の仕業だ！」と察しました。青ざめて、その瞬間に全身から冷や汗がドッと出て来ました。

運転していた男性がすぐに降りてきて、非常に申し訳なさそうに謝罪をして来たのですが、「謝りたいのはこっちのほうだ！」という気持ちが湧き出てきて、男性の言葉が耳に全く入ってきませんでした。

これは、明らかに神様からの「いつでも私の命を取ることができる」という警告のメッセージだったのです。

神から選ばれて神託や神事を行なう人は、自らの命を懸けて神に奉仕しなければならず、神に尽くして人生を全うするか、精神を病んで廃人になるかのどちらかしかないと気づかされた瞬間でした。

アブラハムと息子イサクの物語

私が神様から、審神者である神官が神事に命を懸ける必要性を気づかされたこの事例のように、後になってわかりやすいエピソードを旧約聖書でも見つけました。

旧約聖書の登場人物である「アブラハムと息子イサク」の物語です。

神様がアブラハムに「愛する息子イサクを神に生贄として捧げよ」と命じたのに対し、アブラハムは、神にイサクを捧げるために、山にイサクと共に登り、祭壇の上にイサクを縛って薪の上に上らせ、刃物に手を持って、いざ、イサクを殺そうとした時に、天使からの声が聞こえてきました。

「あなたが神を畏れるものと充分にわかったので、息子を殺す必要がない」と言われて、アブラハムはイサクを殺すことを踏みとどまった、という話です。

神様は、時代を超えて、神に仕える神官を選ぶときには、神官である自分の命よりも神を大切にできるかを推し量る試験の儀式を与えるのが通例なのです。

人身事故の予告

また、このようなエピソードもありました。

ある時、神託での神事の実行になかなか気が乗らず、戸惑っていたことがありました。その時、神様から「もしこのまま神事を実行しないのであらば、あなたの父が人身事故を起こして、純真な心を持つ誰かを殺してしまうことになるだろう」と告げられました。

私は、恐怖を感じて焦り、気が乗らない気持ちを無理やり抑えて、神事を速やかに実行しました。

これは、なんとも荒っぽい神様のやり方だと思いましたが、実は、その五年くらい後になって、父は本当に人身事故を起こしてしまったのです。

相手は、病院に勤める心優しい准看護師の方でした。父の車は、一旦停止のところを停止せず、直進する車に突進してぶつかり、相手の車は二回転して電柱に激突しました。互いの車が廃車になるという大事故を起こしたのです。

現場状況を見てきましたが、本来なら相手方はどうみても即死の現場状況でした。ですが、なんとも不思議なことに、奇跡的に被害者の方は無傷で済んだのです。

神事をすると、起こるべきことは必ず起こるが、その神事後の結果が変化するということを目の当たりにした瞬間でした。

神託での恐ろしい啓示

神社巡りと並行して、毎朝、神託が降ろされて、その解読もさせられました。

神様から私への神託は、複雑に暗号化されており、それを解読するには独特な方法が必要となります。

神託が来て、審神により選ばれた言葉や単語や文章をひらがなにして、それを審神で指定された漢字を当てて変換し、新たなメッセージとして再生するといった作業を経て、近い未来に起こりうる啓示として完成します。

ですが、今まで神託で降ろされた啓示の原文は、神様によって非公開に指定されたものが多く、今後、人目に出ることがないメッセージだと思い込み、そのほとんどを紛失してしまいました。

その啓示の内容は、現文明が破滅する結末の、世界戦争に関する恐ろしいものばかりです。

啓示の大体のあらすじは、流行り病が世界規模で流行して（コロナパンデミックを指していると思われます）、人々が安全な土地と食料を巡り奪い合いの殺し合いから発展して、中国と、ロシアと、アメリカを中心に世界戦争が起きるという内容の啓示です。

この啓示を受け取っていた当時は、二〇一三年から二〇一五年のときで、世界の秩序がそこそこ安定している時期であり、とても平和な時代でしたので、とてもこの啓示の内容が起こりうることとは想像できず、信じられるものではありませんでした。

ですが、そこから時が経ち、今、ロシア・ウクライナ戦争が実際起きていますし、イスラエル・パレスチナ戦争も起きています。そして、中国による台湾侵攻も現実味を帯びてきて、世界情勢が不安定な時期に入ってきました。

イスラエル・パレスチナ戦争

二〇二三年にはイスラエル・パレスチナ戦争が起きましたが、これは、二〇一四年に受け取った神託で予言されていました。（この啓示の神託の原文は、公表してもいいと神様からの承諾をいただきましたので、ここに書き記します。）

神託の元となる原文は、この神託が降ろされた日付とその時刻でした。

原文

七日
一三時
一三分

解釈

なのか　奈農場火
じゅうさんじ　死油最後上下
じゅうさんぷん　資湯売座迂負歌

意味

「イスラエルで戦争が起きる。

最後にアラブの偉い人も民衆もたくさん死ぬ。

パレスチナを支援する人達は負けて逃げていく」

「奈農場」は、イスラエルの地を指していますが、その理由は、奈という語の由来が、「神事に用いられる大きい果樹」ということからです。その意味から、「奈農場」とは、生命の樹と知恵の樹の成るアダムとイブの住むエデンの園を指していて、旧約聖書の聖地イスラエルを指しています。

火は戦争のことです。

油は、あぶらで、油が豊富に出る地域の人々、そして「あぶら」の単語を入れ替えたアラブ人を指しています。

上下は、上下の階級の人達のことで、無差別の人達の死を指します。

資湯売座は、資は資金、湯売は武器を売って豊富な資金を得る人、座は市場です。

まとめると、資金が豊富で、武器と資金を提供する支援者の一派を指しています。

これは、ハマスとその支援者が負けて逃げていくことを語っています。

歌は神界に保存してあり、いずれ現実化する予定であるプログラムのことであり、現象現実化する予告のことです。

大難から小難へ

自宅の部屋である清庭に、神事で神像を次々と建て続けていると、ある重大な変化に気づきました。神事を行なった後では、悲惨な未来の啓示の内容が大難から小難の現象に矮小化されることを発見したのです。

神託をしていると、意味合いが似ていて内容がほぼ同じである怖い内容の神託が、連綿と続いて降りて来ていました。そのすべてが戦争にまつわる内容でした。

神託の解読は神事です。私にとって神様は、自分の命よりも大事であって世界で最も価値ある存在なので、神様からの仕事である神託の解読は優先順位が一番なのであり、神託が降りてきたら、いま取り掛かっていることをすべて中断して、必ず、すぐに解読します。

神事で降りてくる啓示は、そのほとんどが衝撃的で恐ろしい中身の内容であったので、私は使命感も湧き、神託を全力で解読していました。

ですが、神託の内容の起きる事象の時期は、まだ先の未来でのことであり、その当時は、いつまでたっても身近に起きるわけでもない神託の啓示が延々と続くので、毎日毎回の同じ作業に正直飽きて来ていました。

ですが、解読を進めているうちに大きな変化に気づいたのです。神託の内容を解読して、自宅の神社の御宮に指示された神像や貢物を奉納すると、神託の啓示の内容が少しずつ軽くなっていくことを発見したのです。

ここが神事の転機になりました。

路線変更への承認

この人界である地上界の世界には、避けることのできない未来に起き得るイベントが仕組まれています。それは、神界で制作された現実化プログラムのイベントであり、時が来るまで保存されているのです。

ですが、この現実化プログラムは、現実化を中止することはできませんが、路線を変更して矮小化することが可能だとわかりました。神界から依頼されて地上界側が承認すれば、大難から小難の路線に変更できることが可能なのです。

このプログラム変更の手続きは、神様からは一切教えてくれることはなく、自発的にこの現象と構造に気づく必要がありました。もし、いつまで経ってもここに気づくことができないでいたのなら、未来を変えることは到底適わず、神託の内容も変化することはありませんでした。同じ内容の神託を、形を変えて延々といつまでも終わりなく解読していたことでしょう。

神、霊、人、の三位一体

神事とは本来、神、霊、人、が三位一体になって行なうものであったと思われます。神界側からの神託が一方的に提示されて、人がそれに無条件に従うイベントではなかったのです。文明の弥栄と発展は、神界と霊界と人界との共同制作作業なのであり、神界と霊界と人界の相互間で承認と許可がいるのが本筋です。

この気づきから、これまでの神託の流れと内容がガラッと大きく変わることになりました。それまでは、一方的に神様から神託を受け取り解読して神事を実行するだけでしたが、そこから前進して、こちらからの提案も可能となり、神様会議に奏上して吟味されることもできるようになったのです。

ここから、私と神様との関係性も変化が起きました。神様と私は、神界と人界の代表同士のコミュニティとなり、互いの関係が上下関係から平等な関係になったのです。

こうした経緯を経て、私の霊格はさらに上がることになり、私も神界の神々に広く認められることとなりました。

同時に、私に付く守護神霊の格も上がり、守護神霊の交代も起きました。事代主神から少彦名毘古那の神に交代したのです。

神様にも格があるので、神界での神様会議で提案奏上をするには相応の格が必要となるのも影響しているようです。

価値観のポールシフト

私は神様を敬い、何よりも神様を優先して、どんなつらい神事も一方的に受け入れて、これまで神事を実行してきました。

ただ、神事を続けているうちに、神様に対して少しずつ違和感を感じ始め、疑念が増えてきた時期がありました。神様の神託が、善行ではなく、悪行に思えることがたびたび出てきたのです。

これは、魂のレベルが一段上がる時に、善悪の価値観にポールシフトの変化が起こることで生ずる違和感なのだと後に気づくことができ、解消されています。

例えば「既婚の人を好きになってはいけないのか」という倫理観の問題がありますが、この問題に神様の答えは一律でなく、その人の魂のレベルに応じて変化するのです。つまり、人によりYesであるし、NOであるということなのです。

魂が成長して成熟し、魂の構造がある程度理解できるようになり、常に相手の幸せを第一に考えることができて、お互いの生活環境を壊すことのないような振る舞いができるなら、yesであるのです。なぜなら、自身の魂のシンボルのバランスの欠落した問題である、合わせ鏡の相手に好意を抱くように魂はできているからで、そこに既婚者も未婚者も変わりはないからです。

結婚は、地上界の社会システム上の都合から生まれた制度であり、魂の仕組みを理解してつくられてはいませんので、結婚制度は、本能的には不合理であり精神的なストレスがかかります。

ですが、この地上界の秩序や法、物理的制限も、魂の学びの一環です。ですから、霊界の属性の性質を持つ魂と地上界の特性を持つ肉体を持って人は地上界に生きているという理解が必要不可欠となるのです。

そうしたことを理解し、現実の社会に合わせられるバランス感覚を維持していくことで、心と身体のバランスを保ちながら魂の成長を進めることができ、葛藤を少なくして生きていくことが可能となるのです。

絶対的な善悪は存在しない

以上の理由から、神様とその神託が善行なのか悪行なのかという疑念は、結論を言うと、何も問題はなく、弥勒の法を深く理解することで今は解消されています。

神事を続けて生活し、魂が成長していくと、より上の欲求の段階に移行します。すると、善と悪の価値観でポールシフトが起こり、突然、ガラッと価値観の変化が起こるために違和感が生じることになります。

それは、人に限ったことではなく、この宇宙の律であり、人や霊界人、神様にもその魂の段階のレベルの違いからくる善悪の価値感に違いがあります。

人界も霊界も、その界での秩序と法があります。また、神界であってもそれは同様で、神格レベルが上がることにより、善と悪の価値観にポールシフトが起こり、価値観の突然の変化が生じるのです。

善悪の価値観は、レベルが上がるたび、あちこちにポールシフトします。地球上に例えるなら、ポールシフトが起こるたびに北極が日本の位置に行ったりアフリカの位置に行ったりします。

これは、善悪に極が存在しない、無極であることを表わしてもいます。この宇宙そのものが無極であり、この宇宙には絶対的な善悪の基準点がないことを示しているのです。

日月神示の記述

岡本天明氏の「日月神事」にも、似たような記述があります。

「他から見て、それが苦の世界、不純な世界に見えようとも、当の本人には楽天地なのである。

何故ならば、一の世界に住むものには、二の世界は苦の世界となり、二の世界に住むものには、一の世界はまた苦の世界と感覚するからであって、いずれも自ら求むる歓喜にふさわしい世界に住するようになっているのである。

また一の世界における善は、二の世界では善はなく、二の世界の真が一の世界においては真ではない場合も生じてくる。

しかし、そのすべての世界を通じて、さらに高き●に向かって進むことが、彼等の善となるのである」（地震の巻　一七帖より一部抜粋）

ですが、当時の私は、魂の段階のレベルが上がる以前の秩序と常識にずっと執着して囚われていたのでした。

今までの経験上の既成概念が強く残っており、善悪の価値観のポールシフトの概念がずっと理解できずにいて、違和感を消化できないでいたのです。神事をすることによって急激に魂のレベルが上がった、そのことによる善悪の価値観の変化に感覚がついていけてなかったのです。

そうした疑念が渦巻く中で、神様への不信はさらに募っていき、「私にいま付いている神は、もしかして悪魔なのではないのか」と、ついには神様を信じられなくなってしまいました。そうして、神事が一切手につかなくなった時期がありました。

神事への迷い

神事が続けられなくなって神事を止めてからは、五分おきに神様から神託が降りてきました。

神様からは、「あなたに神事を継続してもらうために、一生の間、形を変えて何度でも神託を試みる」と言われました。ですが、不信感が芽生えた以上は神事を続けることが精神的につらくなり、神事を今までのようにはできなくなってしまったのです。

神事を止めて三日経ったころ、ある思いがふと浮かびました。

「もし今後、人界に人として生まれ変わったとしても、神や悪霊という霊と繋がるチャンスがある人生は、もう二度とないかもしれないのではないか」

「この霊の正体が神様ではなく、たとえ悪霊だろうとしても、今回の人生だけは死ぬまで付き合ってみても面白いかもしれない」

そう思い立ち、腹を括り、決心を固めて神様に、「私の命と、この命の臨終までの人生を、全身全霊をかけて神様に捧げ、一生付いていくことに決めました」と宣言しました。

その瞬間、頭の中に鐘が鳴り響いて、「合格」と聞こえたのです。

なんと神様は、私に神事を遂行できる器量があるのかをずっと試す試験をしていたのでした。

神様第一の価値観で生きる

神様は、神事をする神官の候補者に対して、神事に命を賭ける覚悟を本当に持っているのかを問う試験をするのです。

それは、どの時代に限らず行なわれている、神官の候補者に向けた選抜の儀式です。神官の才能があると神様が見初めた神官を、自身の命を賭けてでも神に付いて来られるのかを試すのです。

旧約聖書のアブラハムとイサクのエピソードにも、神に命を捧げる覚悟の記述があったことはすでに述べました。神官にとっては、神様が、この宇宙の中で絶対的に一番大事な存在でなければならないのです。自分や、愛する家族や、大切にしている他者がいても、それらは第二以下の存在となるのです。

絶対に、神様第一の位置づけだけはぶれてはいけなくて、腹の底からそこを理解して、肝に銘じることが必要なのです。

私は神様に命を捧げて、ここで一度死んだつもりでいます。

二〇一二年一一月一二日に、出雲大社で神様の御霊分けを受けて以来、ここから先の人生は、私は神様の神事をするためだけに生きているのです。

肉体に宿る神社

神様に私自身を人柱の生贄として捧げてから、神様と私は平等の関係に変わりました。

家族のような、友のような関係性になったのです。

あんなに厳しかった神様が、この宣言以降、とても温かく優しく接してくれるようになったのです。

神様も、私にとても厳しく接していたことを、ずいぶん苦しんで我慢していたようです。神様は、神意を忠実に汲み取る神託を行なう神官と強固な信頼関係を持つ関係性を構築するために、神官に人柱として命を捧げる儀式を行ない、その中でたびたび演技をするのです。

私は、神様には、唯一無二の絶対的な存在という価値観を持つことにより、神様の言うことはなんでも素直に受け入れられるようになりました。以前は、どちらかといえば、神様の顔色を窺うように、脅迫的に神事を受けていましたが、ここからは自然体で楽しく神事を行なえるようになったのです。

これを機会に、神事の苦行であった神社巡りは、もう一切しなくてもよくなりました。神社巡りの神事も、その内実は、神官になるための厳しい選抜試験の一部であったからです。ですから、当然のことですが、神託による神社巡りには、実際には浄化の意味は全くありませんでした。

もし、神託の変化が神事後に起こることを私が見抜けなければ、今でもそれを続け、一生神社巡りの苦行をしていたことでしょう。ですが、その前に、いずれは体力と精神の限界が来て精神崩壊し、廃人になるか自殺を図っていたことだろうと思います。

今現在、私の肉体は生きる神社となり、神様はいつでも私の内にいます。神の御宮も、自宅の家の中の部屋にある清庭にあります。

今は、神様とは毎日いつでも会いたいときに会えますし、もう外にある神社には行く必要がありません。神界から承認を受け、正式に神事を行なう神官に任命されて、毎年通っていた初詣など、外界にある神社の参拝も行く必要はなくなったのです。

神事の他言無用のかん口令

最近になるまで、神様からは、神事に携わってそれを行なっていることは決して外界に漏れてはならず、神事は絶対に他言無用であると言われていました。ですから、出雲大社で神様と繋がった時から、他者には神界の神様と繋がっていることやその神事をしていることは隠して生活しなければなりませんでした。

でも実際には、五人ほどの人には神事のことを告げてもよいと承諾を受けています。その方達には、神様と神事のことを話しました。それ以外の人には、神様のことは話してはいません。

流れが一変し、神様に仕える神官として、神事をしていることを公に公開してもよくなったのは、二〇二三年六月九日のことでした。

今まで非公開であった理由は、二〇二二年二月二二日までに、弥勒の世をなすためのプロジェクトを絶対に成功させるため、三つの大きな課題があったためでした。

一つは、清庭をつくり御宮を建て、御宮の神像に仕込んだプログラムの仕組みを完成させて、それを起動させる必要があったこと。

二つは、この神事に、私のすべての時間を全集中させる必要があったこと。

三つは、清庭にて神社を建造してその御宮を建てる神事を、他者に邪魔をさせない必要があったこと。

そして、この御宮つくりの神事をしていた期間は、神事に全集中するために、私と繋がりのあるほとんどの人との縁も切らされました。そのため、一時は私が他者と交友する機会が激減してしまい、友達がゼロになってしまった時もありました。

さらに、神事に必要な購入資金はすべて自費で賄っていましたので、総額五百万円以上の大金を神社の御宮建ての神事に使いました。そして、神官になって神事に携わるようになってからは、世事を離れ、まるで仙人にでもなったかのように、人と直接に接する機会がほぼなくなってしまいました。

　この期間は七年間ほど続き、あまりにも長い間人と接することがなかったために、人と話をする機会がある時には、言葉がなかなか浮かんでこないという症状の、軽い失語症に悩まされてしまうことにもなりました。

神様家族との交流

　世事からなるべく離れて、仙人生活のような生活を送っていた七年間ほどのこの期間は、神様と家族のような関係性になっていて、神界に住むいろいろな神様と交流していました。

　神様といっても、神様は各自それぞれに個性が溢れていて、真面目で仕事一筋な神様もいれば、エッチで冗談が大好きな神様もいます。

　神界のいろいろな神様達と神託で交流して、仲の良い友のような、兄弟や親子のような関係になりました。

　神様の個性は、どのように違いがわかるのかというと、それぞれの神様が交代して私に付いて神託をする時に、その包まれるエネルギーや雰囲気が瞬時に変わる感覚や、肌にまとわりつく感触で感じられます。肌感で近いのは、強い日差しに当たればじりじりと痛さと熱さがありますし、夜になり冷気が当たるとひんやりと冷たい、神様の個性によりそのような違いがある感じでしょうか。

慣れてくると、「いま何々の神様に交代しましたね？」と、今はどの神様が付いているのかもわかるようになってきました。

その頃には、厳しい神事をこなしてきた経験の甲斐あってか、私の霊感もかなり強くなっていて、ビジョンだけでなく、言葉も少し降りて来るようになっていました。

そうしてこの頃から、これといった大きな神事はしばらくなくなります。

二〇二〇年八月二〇日に、弥勒の神が、地上界にご降臨されるタイミングが来るまでのしばらくの間、表向きは、普通の人と変わらない生活を送っていました。

礼拝生活を生きる

神様との突然の出会いで、私の内界の世界は、今までの半生とは一八〇度違う異世界を生きることになりました。

そこから、生活全般にわたって、神と共に生きることになりました。

生活に必要なことの全部を、審神を行なって決めて行動するという礼拝生活を送るようになり、私自身の意思決定だけでは勝手に生きてはいけなくなってしまいました。

礼拝生活とは、一日のすべての時間を一分一秒残らず神様に奉仕する生活であり、日頃から神様との融和に努めることです。具体的には、今の自分の段階での善と真を生きながら、同時に、自分の守護神霊の立場の段階での善と真の理解に努めます。

それを日々実践して、神界と人界の二つの界の真理を咀嚼していくことで、過去の善と真でもある悪と偽を浄化することに繋がり、神と自分との調和を成し得ることが可能となります。そうすることで、これらのすべて、過去、現在、未来を神の力として生かし、自分の生活に反映させることができます。そして、さらに高度な魂の欲求の段階の昇華を図って成長し、自身もいずれは他者の守護霊となり、ついには神界に住む神に向かい至ることを目的として生きることができるのです。

礼拝生活はまるで、神様に自分の身体の半分を渡して、共に身体をシェアしながら生きているような感覚です。

私と神様とのこの共同生活は、今までも、今現在も、この先の未来も、連綿としてずっと続いていくのです。

ミロクの世

弥勒の神が地上に降りた理由は、人類を救済するためです。その救済の内実は、人を悟りを得た新人類に進化させることです。

弥勒の世とは、悟りの文明なのです。悟りには、俗に言われている、悟りを得るための行や修行などは一切必要ありません。

新しい文明が開けて、文明のステージが一段階上がりました。

現文明は、五千年の長きにわたって続いて来たために、あちこちに制度疲弊を起こしていて、制度の限界からたくさんのほころびが見受けられます。このままでは、崖から転げ落ちる大石を止めるのが困難なように、破滅を抑えることはできないでしょう。現状の制度の小さな更新などでは、もう新しい次代の文明へと乗り越えることができないのです。

弥勒の文明を発展して弥栄していくには、今までの法と秩序では通用せず、全く新しい価値観の制度と法と秩序が必要です。それは、人の行なう政治を神に返還して、神界の神々が人界を主導し、神、霊、人が共に地上を管理する政治を行なうことなのです。

至　二〇二四年四月四日

自己紹介　ヒストリー

二〇一二年一一月一二日

出雲大社での参拝中に、光が突然、胸の中に飛び込んで来るという不思議な神秘体験を経て、神様の分け御霊を受ける。

そこから、神様から神事を行なう審神者《さにわ》に任命される。

（神を祀り、その神託を受けるために、斎《い》み清められた庭で神託を受ける者）

その光の主である御霊は、事代主神であることがわかり、この日を境にして、事代主神《コトシロヌシノカミ》と交信することとなる。

神官となり、毎日、交霊して神託を授かる。

その神事として、自宅の部屋に神社と神殿を建立していく。

二〇二〇年八月二〇日

神界の弥勒の神が、地上にご降臨することが決定する。

弥勒の神を、地上界に降臨させる儀式の任を任され、弥勒の神を富士山に迎える神事「八九十フジヤマ神居」を遂行する。

二〇二二年二月二二日

自宅の部屋の清庭に建立した神殿が、ほぼ完成したことを神界から告げられる。

「弥勒の神を地上に降臨させて弥勒の世を創る」神事を、無事達成。

それに伴い、弥勒の世のスタートを切れたことを、神界より告げられる。

弥勒の世が、神事によって、岩戸開きされる。

(弥勒の世となり、今後、三千年にわたる文明の繁栄と弥栄の約束がされて、緩やかに新時代に移行していくとのこと。)

二〇二二年五月二二日

現文明が、神事によって岩戸閉めされる。

至　二〇二四年四月四日

二〇二三年六月九日

多くの人が悟りへの覚醒を得るために、「悟りの種を撒く者」としてそれを実行するお役目をいただく。

そこに合わせて神界から、これからの新時代を生きる価値観の基幹となる法「弥勒の法」をいただく。

私の守護神霊

私の守護霊として、計五体の神様が付いている。守護神霊である神様一体と、そこに同列して座している四体の神様が付く。

守護神霊である神様には、

少彦名毘古那《スクナビコナ》

同列に座している神様には、

天照大御神《アマテラスオオミカミ》

月読命《ツクヨミノミコト》
大国主神《オオクニヌシノカミ》
木花咲耶姫《コノハナサクヤヒメ》
の四体の神様。

神様からいただいた名前「白愛日」

「白愛日」

私は神様に使える神官となり、その承認の印として神様から名前をいただきました。

白愛日《はくあいか》は、私が神様からいただいた名前です。

この名前の意味は、それぞれの単語が持つ漢字の意味合いとは異なっていて、この名前自体にはたいして意味を持ちません。

神様からいただく名前は、その役割を意味するものです。

そして、神様からいただいたこの名前の「白愛日」は、元々漢字で構成されてはおらず、神代文字に近いシンボルでの名前であり、そのシンボルの形状に近い漢字の当て字が、名前として選ばれているということです。ちなみに、神代文字とは、漢字伝来以前に存在したとみなされる、日本語を表記する固有の文字のことです。

元々は、白（◎）愛（・）日（⊙）の表記であり、それぞれの意味合いは人、神、霊となっていて、神界、霊界、人界の三界に通ずる者を指します。

また、三界に通じる神官の意味を持つ、三種の神器である剣（◎）、魂玉（・）、鏡（⊙）のシンボルでもあると言われました。

また、（・）は宇宙の始まりを表わし、（⊙）は宇宙の全体を表わし、（◎）は宇宙の弥栄を表わしてもいます。

これが、三種の神器の本来持つ意味合いでもあるのです。

至　二〇二四年四月四日

おわりに

二〇二二年二月二二日に、神界におわす弥勒の神を地上界に降ろすという大きな神事を無事に終えることができました。そして、次の大きな展開の神事として、地上界に悟りを得た人をたくさん増やす準備として、「悟りの種蒔き」をする使命をいただきました。

神様は、突然に前触れもなく無茶ぶりをよくします。この使命をいただいたときも、この「悟りの種蒔き」の神事の展望は全く見えず、正直どうやってこの事業を進めていけばよいのやら、全くわからずに、困り果てて途方に暮れてしまいました。

とりあえず、前に進むしか道はなく、今までの交霊で培った、自分自身の神事の体験をまとめて整理して体系化してみることから始めました。

そうしてでき上がったのがこの本です。

この本の内容は、悟りへの手引書と言えるもので、人が悟りを得るための仕組みと手順が詳しく書かれています。

ですが、この本を真に理解したとしても、悟りを得ることはできません。実際に悟りを得るには、神とのイニシエーションが必要となるからです。

悟りを得るには手順があり、神界の承認を受けて神事に携わっている、神官であり審神者である私と直接会い、神様の承諾の下に、守護霊を整える契約を交わしてアセンションを起動させ、「悟りの種」を体内に植え付けるという、儀式を経ることが欠かせないのです。神界には、神様が選んだ審神者に「悟りの種」を渡すという仕組みがあり、神界の関与なしで、人は自力で悟りを得ることは不可能だからです。

イニシエーションの儀式を済ませ、守護霊を整え、悟りの種をいただいたら、誰でも簡単な練習をすることで「審神者」になることができます。そして、守護霊と審神を通して交霊することで、守護霊とコミュニケーションが図れるようになります。

「悟りの種」にご興味がありましたら、公式ホームページを閲覧の上、Gメールやインスタグラムにてお問い合わせください。

最後に、出版にあたってお世話になりました、たま出版の山田様、編集の中村様の御両名のお力添えがありましてこの本が出版できる運びになり、深くお礼を申し上げます。

HP
https://567miroku.jp/

インスタグラム
@567miroku.haku

G-Mail
567miroku.haku@gmil.com

〈著者プロフィール〉

白愛日（はくあいか）

著者近影

1973 年 1 月 24 日、石川県に生まれる。
2012 年 11 月 12 日、出雲大社での参拝中に、光が突然胸の中に飛び込んで来るという神秘体験を経て、事代主神の分け御霊を受ける。そこから、隠者として神事を行なう審神の神官に就くことを神様から命じられ、その神事として、自宅の部屋に神社と神殿を建立する。
後に守護神霊として、五体の神様が付く。

少彦名毘古那《スクナヒコナ》　天照大御神《アマテラスオオミカミ》　月読命《ツクヨミノミコト》
大国主神《オオクニヌシノカミ》　木花咲耶姫《コノハナクサヒメ》

2020 年 8 月 20 日、神界で弥勒の神が地上に降臨することが決定し、その儀式の任を任され、弥勒の神を富士山に迎える神事を執り行なう。
2023 年 6 月 9 日、多くの人が悟りへの覚醒を得るために、「悟りの種を撒く者」としてそれを実行するお役目をいただく。

五六七ミロク神事

2024年10月 1 日　初版第 1 刷発行

著　者　白愛日
発行者　韮澤 潤一郎
発行所　株式会社 たま出版
〒160-0004　東京都新宿区新宿1－10－2
☎ 03-5369-3051（代表）
FAX 03-5369-3052
http://tamabook.com
振替　00130-5-94804
組　版　マーリンクレイン
印刷所　株式会社エーヴィスシステムズ

ISBN978-4-8127-0473-8　C0011